GUIZHOU LÜSE JINGJI FAZHAN YANJIU (2001-2015)

贵州绿色经济发展研究

（2001-2015）

何伟福 著

人民出版社

责任编辑：韦玉莲

封面设计：姚　菲

图书在版编目（CIP）数据

贵州绿色经济发展研究：2001—2015/何伟福 著．

—北京：人民出版社，2016.12

ISBN 978 - 7 - 01 - 017070 - 1

Ⅰ. ①贵… Ⅱ. ①何… Ⅲ. ①绿色经济—区域经济发展—研究—贵州—2001 - 2015 Ⅳ. ①F127. 73

中国版本图书馆 CIP 数据核字（2016）第 305089 号

贵州绿色经济发展研究

GUIZHOU LÜSE JINGJIFAZHAN YANJIU

（2001—2015）

何伟福 著

人 民 出 版 社 出版发行

（100706 北京市东城区隆福寺街 99 号）

北京明恒达印务有限公司印刷　新华书店经销

2016 年 12 月第 1 版　2016 年 12 月北京第 1 次印刷

开本：710 毫米×1000 毫米 1/16　印张：14. 25

字数：200 千字

ISBN 978 - 7 - 01 - 017070 - 1　定价：42. 00 元

邮购地址　100706　北京市东城区隆福寺街 99 号

人民东方图书销售中心　电话：（010）65250042　65289539

前　言

　　近半个世纪以来，随着世界经济的飞速发展，全球化不断扩张并日益深化，人类在享受越来越丰富的物质成果的同时，也面临着巨大挑战。能源危机、温室效应带来的气候变暖、环境污染问题日益严重，并对人类的生存带来前所未有的威胁。传统的"三高一低"即高消耗、高排放、高污染和低效率的发展模式弊端日益凸显且难以为继。于是，转变以牺牲环境为代价的传统经济增长方式，实现从经济增长到发展的转变，大力发展绿色经济，走经济与人口、资源、环境可协调发展和人类社会可持续发展道路，已经成为全世界亟待解决的重大课题，也是摆在中国人面前必须解决的重大课题。

　　人类要生存，必须要进行吃、穿、住、行等活动，因而要消耗大量的物质资源，根据物质和能量守恒定律，这些被消耗的物资和资源总要以排泄物或垃圾的形式被转换出来，而大量的垃圾是不可降解的，对大气、土壤、水资源等造成严重的破坏和污染，日积月累，最终对人类赖以生存的地球和生态造成灾难性的破坏。但是，无论如何，人类都要生存下去，无论是发达国家还是发展中国家，要生存就要消耗物资并排放废弃物，要生存就要生产。由于发达国家和发展中国家在经济社会发展程度上有差异，在收入水平和生活质量上的差距日益扩大，各国在经济发展方式上必然存在差异。

虽然，"可持续发展"这一理念至少是在20年以前就被国际社会提出，在全球各地也成功举办过多次以"可持续发展"为主题的国际性会议，不管是发达国家还是发展中国家，都先后采取一系列行动来节能减排和治理污染。但是，遗憾的是收效甚微，都没有取得实质性的效果，也没有从根本上扭转资源耗竭和生态恶化、环境退化的趋势。严重的资源危机和生态危机，包括全球粮食短缺、能源价格剧烈波动、可饮用淡水紧缺等，特别是气候问题、空气污染严重，正日益威胁着人类生存，迫使世界各国积极思考并寻找经济发展的新模式和科学途径。

党的十八大以来，习近平总书记高度重视生态文明建设，提出了"既要金山银山，也要绿水青山"、"绿水青山就是金山银山"、"生态优先、绿色发展"等科学论断。2015年6月，习近平总书记在视察指导贵州工作时强调，贵州要守住发展和生态两条底线，培植后发优势，奋力后发赶超，走出一条有别于东部、不同于西部其他省份的发展新路。自"十五"期间，贵州省委省政府提出要实施"可持续发展"战略，加强生态环境建设。"十一五"时期，贵州省委省政府提出实施生态立省、可持续发展战略，加强生态环境保护，发展循环经济。"十二五"期间，贵州省委省政府提出，"必须把建设生态文明、保护青山绿水作为加快转变经济发展方式的重要内容。牢固树立节约资源、保护环境、建设良好生态的可持续发展理念，大力发展循环经济、绿色经济、低碳经济，加快建设资源节约型、环境友好型社会，走生产发展、生活富裕、生态良好的文明发展之路。"[①] 2016年9月，中共贵州省委第十一届委员会第七次全体会议对推动绿色发展、建设生态文明又作出了全面部署，通过《中共贵州省委贵州省人民政府关于推动绿色发展建设生态文明的意见》，提出了坚持生态优先、绿色发展，坚持绿水青山就是金山银山，坚守发展

---

① 《中共贵州省委关于制定贵州省国民经济和社会发展第十二个五年规划的建议》。

和生态两条底线，着力建设资源节约型、环境友好型社会，努力走出一条速度快、质量高、百姓富、生态美的绿色发展新路。自从"十五"时期以来，贵州建设生态文明、发展绿色经济有15年以上的时间，从理论到实践都取得了可喜成就。梳理和总结贵州以往发展绿色经济所取得的成绩，检讨绿色经济发展中存在的不足，对于贵州建设绿色经济大省和强省，建设资源节约型、环境友好型的绿色家园，对喀斯特地区绿色发展都具有重要的借鉴意义。

目　录

CONTENTS

第一章

绿色经济相关理论概述

第一节　马克思恩格斯的绿色发展观

近年来，环境污染严重，生态环境问题日益突出，人们终于认识到环境问题的重要性。于是多方寻找良策，试图在推进生产力不断发展的同时不破坏环境，找到一种新型的发展理念，一种新型的发展道路。这种新型的发展理念被称为绿色发展观，这是一种与传统的"唯经济增长"的发展观截然不同的新型的可持续发展理念，而这一理念的发展道路也将是一条绿色的、可持续发展的道路，所以称之为绿色发展道路。虽然绿色发展是一个新提出的现代概念，但是在马克思恩格斯的经典著作中也蕴藏着丰富的绿色发展思想，主要表现为马克思恩格斯关于绿色发展的生态文明思想，这些构成了马克思主义绿色发展观的主要内容。

19世纪中期到20世纪初期，资本主义迅速发展，生产力水平得到不断提高，但是马克思恩格斯敏锐地察觉到，在飞速发展的生产力背后，隐藏着巨大的经济危机和生态危机。虽然当时他们并没有明确地提出绿色发展这一概念，但是在他们的书稿中，在他们的经济和哲学思想中，蕴含着丰富而深刻的生态文明思想，也就是绿色发展思想。其主要观点如下。

一、自然观下的马克思恩格斯的绿色发展观

马克思恩格斯共同创立了自然辩证法，自然辩证法是马克思和恩格斯的自然观和自然科学观的反映，是马克思主义哲学的重要组成部分。马克思恩格斯自然辩证法可以归纳为如下几个方面：自然具有客观优先性，自然规律蕴含在人的社会活动之中；人在社会生活中认识自然、了解自然、改造自然；人是自然的一部分，人必须尊重自然规律。人、自然是一个有机整体，人类劳动则是这二者之间的连接纽带。

马克思恩格斯认为，自然具有客观优先性。这是因为人类的存在与发展是建立在自然提供的物质材料基础之上的，"人（和动物一样）靠无机界生活"。[①] 在马克思恩格斯看来，"所谓人的肉体生活和精神生活同自然界相联系，不外是说自然界同自身相联系，因为人是自然界的一部分"，[②] "我们连同我们的肉、血和头脑都是属于自然界和存在于自然之中的"。[③] 自然为人类的生存提供了必不可少的物质资源，此外还满足了人的精神需要，它成了一个认识对象，满足了人的好奇心和对未知的探索欲望。人依靠自然，生活于自然之中，人的活动以自然为对象，同时，自然存在于人的生活之中，受人类活动的影响，从自在的自然逐步转变为人化的自然。

人通过实践活动从自然界中获得生存资料，满足自身的物质需求和精神需求，"人在肉体上只有靠这些自然产品才能生活，不管这些产品是以实物、燃料、衣着的形式还是以住房等等的形式表现出来。"[④] 所以人的活动应该遵循自然规律，保护自然环境，否则，就会受到自然的惩罚。马克思说过，不以伟大的自然规律为依据的人类计划，只会带来灾难。

---

① 《马克思恩格斯全集》第四十二卷，人民出版社 1979 年版，第 95 页。
② 《1844 年经济学哲学手稿》，人民出版社 2000 年版，第 56—57 页。
③ 《马克思恩格斯选集》第四卷，人民出版社 1995 年版，第 384 页。
④ 《1844 年经济学哲学手稿》，人民出版社 2000 年版，第 56 页。

早在 19 世纪 70 年代，恩格斯就曾发出这样一个警告："我们不要过分陶醉于我们人类对自然界的胜利。对于每一次这样的胜利，自然界都对我们进行报复。每一次胜利，起初确实取得了我们预期的结果，但是往后和再往后却发生完全不同的、出乎预料的影响，常常把最初的结果又消除了……因此我们每走一步都要记住：我们统治自然界，决不像征服者统治异族人那样，决不是像站在自然界之外的人似的——相反地，我们连同我们的肉、血和头脑都是属于自然界和存在于自然之中的"。① 因此，人类在对自然进行认识和改造时，必须以自然为重，不能破坏自然，要遵循自然规律。这样才能实现人与自然的和谐共处，成为一个休戚与共的有机整体。

马克思认为，人、自然是一个有机的整体，人类劳动则是这二者之间的连接纽带。正是人类劳动将人与自然紧密地结合起来，使人与自然成了一个有机的整体。在《德意志意识形态》一文中，马克思恩格斯指出，人与人之间的社会关系的历史与人与自然之间的关系的历史是有联系的，即人类史和自然史是相联系相统一的。自有人类社会以来，人与自然之间一直存在着物质交换，马克思指出通过劳动过程实现人与自然之间的物质变换，"是人类生活的一切社会形式所共有的"。② 人对自然界的实践活动，是整个社会存在和文明发展的前提。人类进行实践活动，通过自己的劳动与自然之间进行物质交换，在获取了自己生存所必需的物质资料的同时，还改变了自然，使自然从"自在的自然"转变为"人化的自然"。因此，人与自然是相互联系、相互作用的，是一个有机的整体，而人类劳动则是这两者之间的连接纽带。

自然辩证法是马克思恩格斯对人与自然之间关系进行深入思考后得到的一个理论成果，是马克思主义绿色发展观的哲学基点。

---

① 《马克思恩格斯选集》第四卷，人民出版社 1995 年版，第 383—384 页。
② 《马克思恩格斯全集》第二十三卷，人民出版社 1972 年版，第 209 页。

二、实践观下的马克思恩格斯的绿色发展观

马克思恩格斯指出，只有在实践中才能正确、客观地认识事物，才能认识到事物的价值。极端生态主义主张停止一切人类活动，将自然完全地保护起来，反对任何改造自然的活动。如果真按照极端生态主义的想法去做，那人类将如何生存？人类将何去何从？马克思恩格斯认为，实践是人的存在方式，如果停止了实践活动，人类将无法生存，也不会再有发展。所以，人从自然界获取物质资料、对自然进行改造，是无法避免的。马克思恩格斯认为，对待自然的态度应该是既要改造自然，也要尊重自然。在《社会主义从空想到科学的发展》一文中，恩格斯指出："人和自然都服从同样的规律。强力和自由是同一的。"① 马克思主义主张，人需要通过社会实践、生产实践、科学实验这三大实践活动实现与自然的和谐统一。

第一，要通过社会实践实现人与自然的和谐统一。人与自然的关系同人与人之间的关系是相互制约的，人与自然之间矛盾的最终解决，取决于人与人之间矛盾的解决。马克思恩格斯是从自然和社会的相互关系中关注生态问题的。哲学应当关注社会实践意义上的自然界，这是马克思恩格斯的一贯主张。马克思明确指出："社会是人同自然界的完成了的本质的统一"。② 他们不是仅仅从人与自然的关系层面来关注生态问题，而是立足于社会关系来认识和协调人与自然的关系，立足于资本主义社会现实来剖析生态危机的根源。马克思把资本主义社会生态问题看作是社会问题，看作是不合理的社会制度及其生产方式在自然界的写照。他们认为，资本主义的社会关系造成了人与自然关系的异化，只有实现社会变革，用理想的社会取代资本主义社会，才能实现人与自然之间合理

---

① 《马克思恩格斯选集》第三卷，人民出版社1995年版，第700页。
② 《马克思恩格斯全集》第四十二卷，人民出版社1979年版，第122页。

的物质变换，实现自然界的真正"复活"。他们主张从解决社会问题入手来解决生态问题，认为只有把制度变革和生态变革结合起来，才能实现人与自然、人与人的和谐发展。马克思恩格斯比较系统地论述了人、社会和自然之间相互依赖、相互制约、相互作用的辩证关系，闪现着人与自然和人与人协调发展的生态智慧，有着明显的生态文明取向。尤其是他们对社会主义、共产主义文明条件下人与自然和人与人的协调发展的生态文明科学设想，具有前瞻性。

第二，要通过生产实践实现人与自然的和谐统一。马克思恩格斯强调只有通过物质生产实践的方式才能实现人与自然的和谐统一。所以要摒弃不合理的生产方式，摒弃对自然资源掠夺式的开发，摒弃隔断人与自然"新陈代谢"联系的生产模式，摒弃靠大量消费推动生产的生产模式，发展循环经济，建立合理的生产模式，提倡合理消费，改变落后的消费习惯和生活方式，建立资源节约型、环境友好型社会。

第三，要通过科学实验实现人与自然的和谐统一。只有通过科学的实验，才能找出问题所在，才能找出解决问题的方法。科技是解决环境污染、缓和人与自然冲突的一个良方。

三、科技观下的马克思恩格斯的绿色发展观

马克思认为，科学技术是生产力。科学技术应用于物质资料的生产过程，使得社会的生产力水平得到了大幅度的提升，进而促进社会不断前进发展。马克思、恩格斯认为科学技术的应用可以有效提高原料利用率、促进资源的循环使用，这些观点蕴含着以科技支撑绿色发展的思想。

马克思富有预见性地指出，随着社会化大生产的展开，原料日益稀缺与昂贵；在大规模的劳动条件下，生产排泄物数量越来越大，提供了废物再利用的必要；同时，"机器的改良，使那些在原有形式上本来不能

利用的物质，获得一种在新的生产中可以利用的形式。"① 科学的进步，特别是物理化学的进步，使得人类发现这些废物上存在价值，并加以利用。在《资本论》中，马克思专门开辟了一个章节来讨论"生产排泄物"的利用问题。他认为，生产与消费中的排泄物主要是由人口的快速增长及资本主义生产规模的不断扩大造成的。这其中，生产中的排泄物主要指的是工业和农业在生产中产生的废料。另一方面，排泄物又可以分为由于人的新陈代谢所产生的排泄物，以及人在消费过程中，消费品消耗后残留下来的东西。不论排泄物是工业排泄物、农业排泄物、人的新陈代谢的排泄物抑或是消费品的残留物，都是环境污染的重要因素。要想解决这些污染因素，就必须依赖科技的发展和创新。通过科技，可以发现这些排泄物的有用性质，然后在此基础上进行再加工，进行进一步的利用，以此实现物质资料的有效循环利用。马克思明确表述过这个思想，他说："化学工业提供了废物利用的最显著的例子。它不仅发现新的方法来利用本工业的废料，而且还利用其他工业的各种各样的废料，例如，把以前几乎毫无用处的煤焦油，变为苯胺染料，茜红染料（茜素），近来甚至把它变成药品。"② 这一思想使马克思极大地超越了时代的局限。马克思敏锐地认识到了科学技术对生产力发展的巨大推动作用，认识到了在发展生产力的同时要依靠科技的力量来保护环境，从而促进人类文明不断前进发展，实现人与自然的和谐统一。

科技进步不仅可以促进生产力不断前进发展、帮助人类解决生态环境问题，还可以促进人的解放。马克思恩格斯认为："现代自然科学和现代工业一起变革了整个自然界，结束了人们对于自然界的幼稚态度和其他的幼稚行为"。③ 在推动科技进步的同时，人类认识自然、改造自然的能力也在不断提升，人类逐步摆脱了对自然盲目无知的状态，学会了预测自身行为对社会、对将来的影响并加以调控，这使得人与自然的关系

---

① 《马克思恩格斯全集》第二十五卷，人民出版社1974版，第117页。
② 《马克思恩格斯全集》第二十五卷，人民出版社1974年版，第118页。
③ 《马克思恩格斯全集》第七卷，人民出版社1959年版，第241页。

日益和谐。

科学技术是把双刃剑。早在一个半世纪之前，马克思恩格斯就已经认识到了这个问题，并做出了极具前瞻性的论述，他们认为，蒸汽技术的运用一方面可以把农村变成城市，但另一方面，它也破坏了自己的活动条件（蒸汽需要纯净的水，但是工业污染了水）。所以，资本主义的工业不断从城市迁往农村，这些农村变成了新的城市，但是在那里，环境逐步被污染，臭气熏天，于是，这些工业不得不再次搬迁。这种恶性循环使得资本主义国家的环境污染极为严重，在这时，马克思指出，只有消灭了工业的资本主义性质，这种新的恶性循环和这个不断重新产生的现代工业的矛盾才能被消灭。马克思恩格斯强调，在利用科学技术成果的时候，要综合考虑其产生的经济效益及其造成的长期自然影响和社会后果，要把科学技术的应用所产生的经济效益、社会效益和环境效益统一起来。

虽然马克思、恩格斯的著作中并没有对绿色发展理论作出系统化的分析，但他们关注环境污染问题、提倡资源循环利用、肯定科学技术在生产方式变革中的作用、追求人与自然、人与人和谐的思想都饱含着绿色发展的意蕴，寓意着马克思主义绿色发展观的产生。

第二节　生态经济学和环境经济学理论

一、生态经济学

（一）生态经济学的内涵

生态经济学是研究生态、经济和社会复合运动规律的科学，它有别于传统的经济学和生态学，也不是两者的简单结合。

生态经济学是一门多学科相互交叉、相互联系的边缘科学，从经济学、生态学、资源学等多个角度，重新审视人类经济社会与自然生态环境的关系，探索管理人类的生活和地球上的环境，保护人类的经济和生态协调发展的理论与途径。

生态经济学是一门研究和解决生态经济问题和探究生态经济系统运行规律的经济学科，目的在于实现经济规律生态化、生态环境经济化和促进生态系统与经济系统之间的协调发展。生态经济学的基本范畴有生态经济系统、生态经济产业、生态经济消费、生态经济效益、生态经济制度等。生态经济学的基本规律有生态经济协调发展规律、生态产业链规律、生态需求递增规律和生态价值增值规律等。

（二）生态经济学的基本范畴

生态经济学的基本范畴包括生态经济系统、生态经济产业、生态经济消费、生态经济效益、生态经济制度等。

1. 生态经济系统

所谓生态经济系统是指由生态系统和经济系统相互联系、相互作用、相互限制而形成的复合系统，并通过技术手段以及人类劳动过程所产生的物质循环、能量转换、价值增值和信息传递的结构单元。该系统具有明显的依附性，每一个经济过程都必须建立在生态系统之上，不可能离开生态系统而独立存在。

了解生态经济系统必须首先认识生态系统。生态系统是指一定时空范围内生物有机体（包括动物、植物、微生物等）及其生活的周围无生命环境（包括空气、水、土壤等）所组成的统一体系，是生命系统与环境系统在特定时空的有机组合。

认识生态经济系统还必须了解经济系统。经济系统是指生产力系统和生产关系系统在一定的地理环境和社会环境下的结合，是社会化再生产过程中的生产、交换、分配和消费等各个环节所组成的统一体。对于生态经济系统是生态系统与经济系统的复合系统，存在三种不同的认识：

一是认为生态系统是经济系统的从属系统,生态系统隶属于经济系统;二是生态系统与经济系统的交叉与重合后形成生态经济系统;三是认为经济系统是生态系统的子系统,经济系统必须在生态系统允许的范围内开展活动。随着人们慢慢深化对生态经济系统的认识,第三种观点越来越得到学界的认可。

2. 生态经济产业

生态经济产业就是在生态环境可承受的基础之上建立并发展相关产业,在保证自然再生产的前提下实现经济的再生产逐步扩大,从而实现经济发展和生态保护的协调发展,以建立有利于经济、社会、自然良性循环的复合型生态环境系统。

生态经济产业的内容十分丰富。按照三大产业的分类,生态经济产业可分为生态农业、生态工业和生态服务业。生态农业又可分为狭义的生态农业、生态林业、生态畜牧业、生态渔业等;生态工业又可分为生态制造业、生态化工业、生态加工业等;生态服务业又可分为生态旅游业、生态物流业、生态金融业、生态信息业等。

生态农业是指在不破坏、改善原有农业生态环境的前提下,遵循生态学、生态经济学基本规律,运用系统工程方法并结合现代科学技术,以集约化经营方式发展的农业生产模式。生态农业是一个农业生态经济复合系统,将农业生态系统同农业经济系统综合统一起来,以取得最大的生态经济效益。它既是农、林、牧、副、渔各业综合起来的大农业系统,又是综合了农业生产、加工、销售,能够适应市场经济发展要求的现代农业系统。

生态工业是模仿生态系统的功能,建立起相当于生态系统的基本单元的工业产品生态链,以低投入、低消耗、低污染或无污染、工业发展与生态环境协调为基本目标的工业体系。工业结构的生态化,就是通过法律、行政、经济等手段,把工业系统的结构规划成"资源生产"、"加工生产"、"还原生产"三大工业部分组成的工业产品生态链。其中,资源生产部门类似于生态系统的初级生产者,主要任务是开发利用不可再生资源、可再生资源，并以可再生资源逐渐取代不可再生资源为目标，为工业生产提供初级原料和能源；加工生产部门类似于生态系统中的消费者，主要目标是实现生产过程无浪费、无污染，将资源生产部门提供的初级资源加工转换成满足人类生产生活需要的工业产品；还原生产部门主要实现各副产品再资源化，对其进行无害化处理，或转化为新的工业品。

生态服务业就是指在服务设施、服务手段、服务渠道等方面以生态理念为服务宗旨，在服务过程中对生态环境无任何危害，使消费者在接受服务的过程中建立和强化生态意识。

3. 生态经济消费

生态经济消费，简称生态消费，有时也可称为"绿色消费"。生态消费和绿色消费这两个概念有许多相同之处，但也有所差异。绿色消费是一种以"绿色、自然、和谐、健康"为宗旨的消费模式，但这种消费以满足当代人的消费需求为宗旨，使日常消费"和谐、健康"。而生态消费则在强调"绿色、自然、和谐、健康"消费的同时，更多地考虑不危及后代人的消费需要。

因此，生态消费是一种消费方式的生态化过程，它是指消费过程既符合物质生产的发展水平，又符合生态生产的发展要求；是既有利于人体健康和满足人的基本消费需求，又有利于生态环境保护的一种消费行为。一般来说，生态消费的内涵更广泛一些，它包含所有绿色消费所包括的内容。绿色消费是生态消费外延的一部分，或者是其基本部分。

生态消费是指人们的消费行为具有生态保护的功能，生态消费的方式具体表现在：消费产品本身具有生态属性，即通常所讲的绿色环保型商品；消费产品的来源是生态型的，包括产品生产过程中原材料的使用和生产工艺、生产过程与环境的关系；消费过程是生态型的，在消费品的使用过程中，不会对其他人的工作、生活和周围环境造成伤害；消费结果是生态型的，消费品的使用完成后，不会产生过多的垃圾、噪声、污水、废气等短期内难以处理的、对环境造成压力与破坏的消费残存物。

4. 生态经济效益（效率）

生态经济效益与生态经济效率是含义相近的范畴，前者反映的是绝对值，后者反映的是相对值。

长期以来，人们往往只考察经济效益和经济效率。经济效益就是经济收益与经济成本之差，经济效率就是经济收益与经济成本之比。这种效益（效率）评价方法的一个严重缺陷是并未考虑生态价值和生态成本的存在。

因此，生态经济效益是生态经济学的一个十分重要的范畴。一方面它沿用了经济学中的成本—收益这一对核心范畴，另一方面又对传统经济学进行了重大的修正。

所谓生态经济效益就是生态经济收益与生态经济成本之差，即：

生态经济效益 = 生态经济收益 - 生态经济成本

所谓生态经济效率就是生态经济收益与生态经济成本之比，即：

生态经济效率 = 生态经济收益/生态经济成本

生态经济效益（效率）范畴的意义在于，除沿用了经济学中的成本—收益这一对核心范畴之外，还要考虑生态指标，通过调整考核指标，实现经济的生态化和生态的经济化。

5. 生态经济制度

美国新制度经济学派代表人物道格拉斯·C. 诺斯认为，"制度是一个社会的游戏规则"，丹尼尔·W. 布罗姆利认为，对制度的理解应集中在如下意义上，"即确定个人、企业、家庭和其他决策单位作出行动路线选择集的规则和行为准则"。[①]

作为"规则"的制度包括正式规则和非正式规则，或者可称为正式制度和非正式制度。前者主要包括人们在社会分工中对于"责任"的认定，界定每个人可以干什么、不可以干什么的规范，关于惩罚的规则和度量衡规则等；后者主要包括价值信念、伦理规范、道德观念、风俗习

① 布罗姆利：《经济利益与经济制度》，上海三联书店 1996 年版，第 49 页。

惯和意识形态等。除了正式规则和非正式规则外，制度还包括实施机制。

就生态经济制度而言，正式制度包括生态经济法律、生态经济规章、生态经济政策等；非正式制度包括生态意识、生态观念、生态风俗、生态习惯、生态伦理等。因此，生态经济制度就是为了解决生态经济问题、促进生态经济协调发展而形成的社会规范，由于这些规范有利于保护生态环境，因此也称作"绿色制度"。

生态经济制度的具体表现形式就是生态经济政策，例如生态保护政策、生态产业政策等。

生态经济学的上述五个范畴并不是孤立存在的，而是相互联系、相互影响的。上述五个范畴共同构成了生态经济学的基本框架，它们彼此之间的关系可以用图1加以说明。

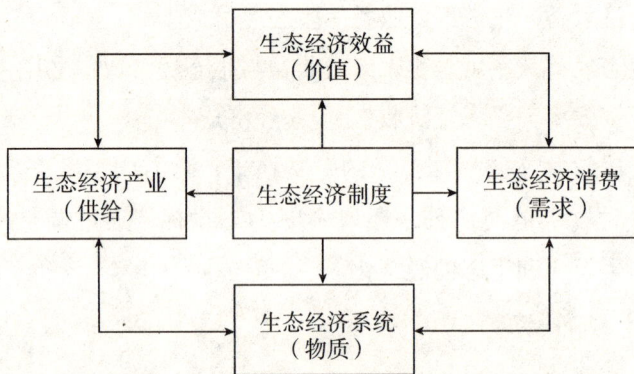

图1　五个范畴构成的生态经济学框架

图1中，生态经济系统是生态经济学的基础性范畴，生态经济效益是目的性范畴，生态经济产业、生态经济消费和生态经济制度是手段性范畴，从基础性范畴—生态经济系统到目的性范畴—生态经济效益的联系方式是生态经济产业、生态经济消费和生态经济制度。生态经济产业与生态经济消费构成了生态产品的市场供求关系，这种市场供求关系受到市场机制力量的作用，也受到制度的影响。利用生态经济系统追求生态经济效益，会受到市场机制的驱动，也会受到制度的影响。可见，生态经济制度具有本源性的作用。

（三）生态经济学的基本规律

客观事物都是在不断发展变化的，而发展过程中的本质联系，具有普遍性的形式。规律是指事物本身所固有的、深藏于现象背后并决定或支配着现象。规律是指同一类现象的本质关系或本质之间的稳定联系，它是千变万化的现象世界的相对静止的内容。规律是反复起作用的，只要具备必要的条件，合乎规律的现象就必然反复出现。规律可以分为自然规律、社会规律和思维规律。自然规律和社会规律都是客观的物质世界的规律，但它们的表现形式有所不同：自然规律是在自然界各种不自觉的、盲目的相互作用中表现出来的；社会规律则必须通过人们的自觉活动表现出来；思维规律是人的主观的思维形式对物质世界的客观规律的反映。

生态经济学像一般学科一样，既遵循自然规律，如热力学第一定律、热力学第二定律、环境容量有限性法则等；又遵循经济学规律，如供求规律、边际效用递减规律、边际报酬递减规律、资源稀缺性法则等。自然规律和经济规律的结合，也形成了自身的一些规律，例如生态经济协调发展规律、生态产业链规律、生态需求递增规律和生态价值增值规律等。

1. 生态经济协调发展规律

生态经济协调发展规律是指：经济系统是生态系统的子系统，经济系统是以生态系统为基础的，人类的经济活动限制于生态系统的容量；生态系统和经济系统所构成的生态经济系统是一对矛盾的统一体，如果两个系统能够彼此适应，那么就能达到生态经济平衡的结果，如果两个系统相互冲突，那么就可能导致生态经济失衡；人类社会有可能通过认识生态经济系统，使自身的经济活动水平保持一个适当的"度"，以实现生态经济系统的协调发展。这一规律是支配作为生态经济有机体的现代经济发展规律全局的基本规律。

这个规律具有下列三个特点：

第一，生态经济系统具有联系性。生态经济系统的联系性既是指生态系统与经济系统之间存在广泛的联系，又是指在生态系统内部、经济系统内部、生态经济系统内部各要素之间具有广泛的联系。人类社会不能简单地割裂这种联系，更不能将自己凌驾于自然之上。

第二，生态经济系统具有矛盾性。生态经济系统中存在两大突出矛盾：一是经济系统对生态系统中自然资源需求的无限增长与自然资源供给的有限性之间的矛盾，二是经济系统中日益增长的废弃物数量与生态系统中环境总体容量的有限性之间的矛盾。这两对矛盾具有普遍性。因此，人类必须正视这些矛盾并采取必要的措施加以缓解，例如，在不可再生资源的开采和使用过程中，要充分考虑其替代资源的开发，在开采和使用可再生资源时必须平衡资源的开采率和资源增长率之间的关系，使废弃物的排放要尽可能做到无害化和资源化。

第三，人类经济社会具有适应性。虽然我们不能创造规律，但由于有规律可循，人类可以遵循规律和利用规律。其实，即使是生态系统也不是一成不变的。纯自然的生态系统几乎不存在，生态系统也在不断动态演替。因此，人类可以按照生态规律适应生态系统，并按照生态经济规律协调人与自然的关系。

2. 生态产业链规律

生态系统的一个重要特征是存在生物链。生物链又称食物链，是指由植物、动物和微生物互相提供食物而形成的相互依存、相互影响的链状或网状关系。生物链把生物与非生物、生产者与消费者、消费者与消费者联结成一个有机的整体。能量和物质通过生物链从一个生物体转移到另一个生物体。生物链的建立完成了自然界物质的良性循环。

不同生态系统的组成成分有所不同，其营养结构的具体表现形式也不完全相同，但其基本形式均表现为由不同营养级位所构成的食物链和食物网。食物链上的每一环节叫营养级。在一个生态系统中有许多食物链，多条食物链相互交织，连接在一起形成复杂的食物网络。食物网反映了生态系统内各种生物之间的营养位置和相互依存关系。在食物链和食物网中，各个生物功能类群都分属于不同的营养级位。

生态系统内的各种组成部分之间，以营养链为纽带，建立起一种营养关系，把生物和生物以及生物与环境紧密地联结起来，构成以生产者、消费者、还原者为中心的三大功能类群，这就是生态系统的营养结构关系，如图2所示。

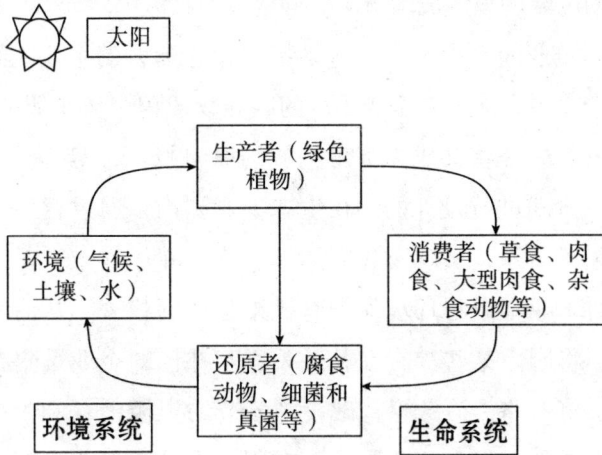

太阳

生产者（绿色植物）

环境（气候、土壤、水）

消费者（草食、肉食、大型肉食、杂食动物等）

还原者（腐食动物、细菌和真菌等）

环境系统

生命系统

图2 生态系统营养结构模式图

类似地参考生态系统中的生物链理论，本文引入生态经济系统生态产业链规律。生态产业链是指某一区域范围内的企业模仿自然生态系统中"发掘者、生产者、消费者和分解者"的生物链关系，以资源（原料、副产品、信息、资金、人才）为纽带形成的具有产业衔接关系的企业联盟。生态产业链的形成可以实现废弃物排放的大规模减少甚至是零排放，从而减轻环境压力并在一定程度上解决资源短缺问题。建立生态产业链的系统结构，使整个生态产业链表现出系统整体性、有序性、多样性和结构功能可控性，目的在于达到优化产出，服务于社会和经济。

生态产业链的规划和运行必须结合成本—收益的分析工具，减少生态产业链中的交易费用，实现整个生态产业链畅通运行和节约成本，从而使生态产业的发展具有市场吸引力和广阔发展前景。按照这一规律设计企业内部的分工、设计企业之间的分工和布局、设计产业之间的分工与协作，就有可能达到生态效益与经济效益的"双赢"结局，当然也就实现了生态经济效益最大化的目的。生态产业链有企业内、园区内（企业间）和产业间等多个层次。

企业内生态产业链是指同一企业不同生产运营部门之间所形成的生态产业链，即上游车间排放的废弃物可以作为中游车间的原料投入，中游车间排放的废弃物继续成为下游车间的原料投入，等等。

园区内（企业间）生态产业链是指在独立运营的企业之间所形成的生态产业生产关系，即上游企业排放的废弃物成为中游企业的原料投入，中游企业排放的废弃物又成为下游企业的原料投入，等等。生态工业园就是按照这一原理进行设计的。在生态工业园内，通过营建企业之间互相协同和共生的关系，实现资源利用最大化，并尽量减少对环境的负面影响，创造将工业生产与环境保护有机结合的新模式，从而实现工业的可持续发展。将园内某些具有互补关系、互补性的企业聚集在同一园区内，共享水、电、路、信息等基础设施，节约资源消耗和生产成本。与自然生态系统类似，生态工业园中存在很多企业，企业之间存在上下游关系，它们相互依存、相互作用，进行工业代谢。按照生物链的层级，它们也可以分为生产者企业、消费者企业和分解者企业。换句话说，工业生态经济系统也存在着类似于自然生态系统中"生物链"那样的"产业生态链"，它既是一条能量转换链，也是一条物质传递链。

产业间生态产业链是指在不同产业部门形成类似生物链的生态产业链。例如，工业部门生产塑料薄膜——农业部门使用塑料薄膜——农业部门报废后由服务业部门回收废旧塑料薄膜——废旧塑料薄膜投入工业部门的塑料薄膜再生产。

3. 生态需求递增规律

需求是消费者在一定时间内某种价格下对一种商品或劳务愿意而且能够购买的数量。宏观来说需求是消费者的主观愿望与客观能力的统一。从客观能力来看，随着经济社会的迅速发展，居民的收入水平也持续快速增长，因此，其支付能力也相应地迅速增长。从主观愿望来看，随着人们生活水平的提高，人们开始要求更高的生活质量、生命质量。在这两个因素的共同作用下，使得人们对生态产品的需求表现出逐渐增加的趋势。生态环境质量和生态经济产品的结合我们称之为生态产品。

经济学认为，根据需求的收入弹性差异，可以将所有商品分成以下几种类型：如果弹性大于1，则说明随着收入水平的增加，购买量也随之相应增加。这类商品就是常规高档货或奢侈品。如果弹性大于零小于1，表明需求量总体上随着收入的增加而增加，但是需求量增加的幅度小于收入的增加幅度。这类商品就是我们常见的生活必需品。如果弹性为负值，表明收入水平增加时购买量却减少了。这类商品就是低档货。

生态需求是消费者对生态环境质量需求和生态经济产品需求的总称。生态供给是生产者对生态环境质量和生态经济产品供给的总称。

高质量的生态环境和生态经济产品属于典型的高档货。在衣食不足以维持生活所需的情况下，人们的首选目标是生存下去，对高质量的生态环境和生态经济产品的追求根本无暇顾及；在进入小康社会乃至进入富裕社会阶段以后，随着人均收入水平的提高，对高质量的生态环境和生态经济产品这种高档物品的需求，开始走入人们的视野，并可能成为主流需求。

生态需求递增规律就是指，随着消费者收入水平的上升，消费者的生态需求也呈现出逐渐递增的趋势。这种递增的趋势表现在需求曲线上，曲线是以较快的速度从左下方向右上方快速移动的。这一规律可以从图3看出。图3表明，生态需求曲线的初始位置处于D_1，随着收入水平的上升，生态需求增加，生态需求曲线的位置移动到D_2。

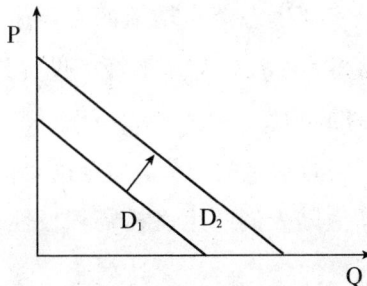

图3 生态需求的递增趋势

根据供求原理可以知道：如果生产者供给生态产品的速度保持不变，那么生态需求的递增会导致生态产品价格的上升；如果由于某些原因，生产者对生态产品的供给出现问题，导致供给出现递减，那么生态需求的递增会导致生态产品价格的大幅度上升；如果生产者对生态产品的供给增加，那么生态需求的递增会导致生态产品价格的上升趋势得到缓解。

因此，针对生态需求的递增趋势，可以通过增加生态供给实现生态产品的供求平衡。

4. 生态价值增值规律

生态价值增值规律是指：生态不是无价值的自由物品，而是有价值的经济资源；随着经济社会的不断发展，生态资源也在不断地被开发并加以利用，会呈现出日益稀缺的趋势，因此，生态价值表现出增值的趋势；既然生态价值呈现增值趋势，那么人类就可以像进行经济投资一样投资于生态，实现生态资本的不断增值；由于生态资本具有公共性和外部性特征，只有建立生态保护补偿机制才能激励人们从事生态投资活动。

这个规律包括以下几个要点：

第一，生态资源是有价的稀缺资源，因此，要树立生态有价论观点，实行生态经济化。诚如帕屈克·卡森和朱莉亚·莫顿的著作名所称的《绿就是金》，也就是说，保护生态就是保护生产力。

第二，生态资源的稀缺性呈现不断递增的趋势。由于人们对自然资源的需求的无限性和生态系统能够供给的自然资源的有限性之间的矛盾，导致自然资源的稀缺性程度不断提高。

第三，生态投资是实现生态资本增值的必要途径。在生态有价和生态经济化的前提下，从事生态投资与从事经济投资具有同等重要的意义，并且同样可以实现利益的获取。

第四，依靠制度创新激励生态投资。生态资源、生态产品的特殊属性，要求通过制度创新激励人们的生态投资积极性，以保证生态资源和生态产品的足额供给。

除了上述列举的四大生态经济规律外，还有很多其他生态经济规律。

这些都需要生态经济学者不断去总结、提炼和概括，从而更好地指导生态经济实践。

二、环境经济学理论

（一）环境经济学的含义

环境经济学是以环境科学和经济学为基础的，研究两者之间相互关系的经济学分支。环境经济学的中心课题兼顾经济发展的同时做好环境的保护。环境经济学产生的基础是环境资源从免费物品转化为稀有商品。自 20 世纪 70 年代起，联合国及其有关机构召开了一系列会议，提出并探讨人类面临的环境问题。环境经济学的主流理论，源于 20 世纪 20 年代英国经济学家庇古（Aethur Pigou）关于外部性的思想。格蕾（Gray）和霍特林（Hotelling）分别在 1914 年和 1931 年对可耗竭资源煤及金属矿藏的折耗程度做过对比分析。约翰·穆尔（Jone StuartMill）做过增长极限的分析。环境经济学作为应用经济学于 20 世纪五六十年代形成。它不仅拓宽了环境科学的范围，也使经济学在更加立足于现实和客观的基础上，同时增强了经济学对生活现象和人类行为的解释力。

20 世纪 90 年代以来，中国环境经济学在西方产权理论的基础上，分析了环境经济管理手段的利弊。由于产权制度缺位，将导致环境资源使用上产生类似"公用地的悲剧"情况的出现，而私人与社会贴现率的不一致导致在资源利用过程中只考虑近期的经济效益，而不顾及经济发展给环境和社会带来的长远危害，难以全面协调经济发展和环境保护间的关系，环境经济学基于这些问题而产生。环境经济学作为经济发展、环境保护和可持续发展政策的理论基础，更准确地解释了社会现象和人类行为。狭义环境经济学从经济角度研究环境污染的主要原因并提出对其进行控制的途径；广义环境经济学包括狭义环境经济学、生态经济学和资源经济学。

环境经济学作为一门经济学和环境科学交叉的学科，不仅研究经济发展和环境之间的相互关系，同时也研究如何合理调节人与自然之间的物质变换，使社会经济活动符合自然生态平衡和物质循环规律，不仅能取得近期的直接效果，也能取得远期的间接效果。事实上，经济学本身就包含着对环境进行管理之意，就是将经济学的相关概念用于自然环境与人类经济社会之间的资源以及资源使用所带来的"副作用"这两种交互关系的分析。当然，从一般意义上来看，环境经济学更侧重于分析如何更有效地运用资源以及对自然环境的管理。

（二）环境经济学的主要观点

1. 环境经济一体化

现代环境经济学把环境看作整个经济—环境大体系的组成部分。环境也被看作一种财产，它可以提供各种各样的服务。环境向经济系统提供：（1）原材料。生产过程将原材料转化为产品，最终被消费者消费；（2）能源。能源在生产过程中产生作用。原材料和能源经生产和消费过程最终以废弃物的形式返还大自然。环境还以其他形式直接或间接地向人们提供服务。例如，我们所呼吸的空气，我们观赏自然景色所得到的享受等。自然环境还是人类废弃物的处理场所，人类生产和消费所产生的一部分废弃物通过再循环重新投入生产和消费。

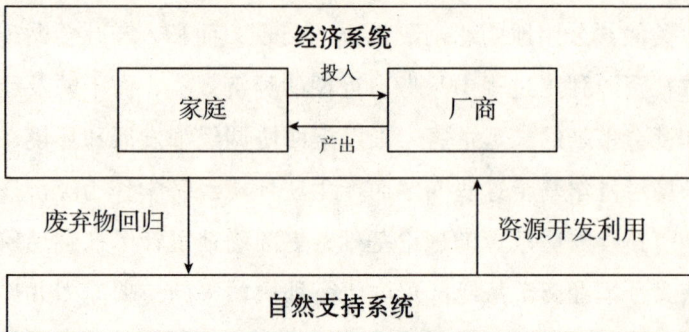

图 4　经济—环境大系统

总之，自然环境既是人类生产与生活的前提，也制约着人类的生产和生活。

2. 充分利用经济杠杆来解决环境污染问题

环境经济学研究如何充分利用经济杠杆解决环境污染问题，使环境的价值得到更为具体的体现，并将生产和生活的成本引入环境的价值，从而阻断无偿使用和污染环境的道路。经济杠杆是当前解决环境问题最重要和最高效的方法。责令有关生产者偿付损害环境的费用，或者把环境当作一种商品来进行交易，同任何其他商品一样，消费者应该付出使用代价。还要在掌握环境变化过程中，通过环境价格维护环境的生产能力、恢复能力和补偿能力，合理利用资源，促进经济的发展。

关于环境经济学、生态经济学和资源经济学三者的关系，学术界还没有统一的看法。有的学者认为，这三门学科具有相同的研究对象，只是称呼不同而已。生态经济学是研究经济发展和生态系统之间的相互关系，经济发展如何遵循生态规律的科学，这同环境经济学研究的对象和内容是相同的。资源经济学是研究整个资源开发利用过程中的经济问题。环境保护从实质上讲也是保护环境资源、合理利用环境资源的问题，通过上面的分析可以看出，两者研究的内容基本上是一致的。有些学者认为，这三门学科研究的内容有密切的联系，其中既有共同的部分，又有不同的部分。它们分别研究环境、生态系统和资源开发利用中的经济问题，虽然有一部分重叠交叉，但研究的重点和角度不一样。

（三）环境经济学的主要成就

在中国，环境经济学的研究工作是从 1978 年制订环境经济学和环境保护技术经济八年发展规划（1978—1985 年）时开始的。1980 年，中国环境管理、经济与法学学会的成立，确立并推动了环境经济学的研究方向。30 年来，环境经济学在中国的发展非常迅速，不但其一般理论和前沿成果得到及时引入和传播，而且结合中国实际情况所进行的环境经济学研究也取得了巨大的研究成果。

环境经济学能够合理地调节人类经济活动，使之符合自然生态平衡和物质循环规律，使社会经济活动建立在环境资源的适度承载能力基础之上，综合考量短期直接效果和长期间接效果，兼顾自然资源利用的代内公平和代际公平。[①]

1. 环境经济学基本价值原理

经济发展和科学技术进步，既带来许多环境上的问题，也同样增加了环境保护的能力。价值评估是环境经济学的基本内容。一般来说，资源的属性包括使用价值和非使用价值两部分，即 $TVR = V1 + V2$。其中 $V1$ 为资源使用价值，$V2$ 为资源非使用价值（存在的价值）。以 DVR 表示资源的直接应用价值，IVR 表示资源的间接应用价值，OVR 表示资源的选择使用价值，则 $V1 = DVR + IVR + OVR$。传统经济增长模型只考虑劳动（L）、资本（K）和技术进步（T），环境经济学把资源（R）和环境（E）价值纳入经济增长分析模型，即 $Q = f(L, K, T, R, E, t)$，t 为时间因素。由上述计算公式可知，我们必须改变单纯以国民生产总值作为衡量经济发展状态的传统分析方法，应该把改善环境质量的状况作为经济发展成就的重要分析内容，使生产和消费的决策同生态学要求协调一致。我们要研究生产布局和环境保护两者之间的关系，在经济观点和生态观点实现统一原则的基础上，将环境保护纳入经济发展计划，制定开发利用环境资源的方案，综合确定一国或地区的整体产业结构。另一方面，为了永续利用并保护环境资源，防止环境资源被破坏，我们必须对环境资源进行计量，实行有偿使用，使经济的外部性内在化，在国民经济核算体系中加入环境效应的计算，协调发展环保产业，从而保证经济决策既考虑近期的直接效果，又考虑间接的长远效果，兼顾局部利益和社会整体利益。[②]

---

① 刘广龙：《发展矿业循环经济的思考》，昆明理工大学矿物加工工程系：《中国优势和特色矿产资源及二次资源综合利用学术研讨会论文集》，云南科技出版社 2007 年版，第 271—277 页。
② 刘广龙：《发展矿业循环经济的思考》，昆明理工大学矿物加工工程系：《中国优势和特色矿产资源及二次资源综合利用学术研讨会论文集》，云南科技出版社 2007 版，第 271—277 页。

2. 环境经济学的成本——费用分析研究

环境经济学的主要任务是通过对环境成本做定量分析从而确定出成本最小解决方案。我国早期的环境经济学理论是在传统政治经济学基础上提出的"三个再生产"理论（物质、人口和自然再生产），20世纪80年代开始的资源定价和边际机会成本理论把当代技术经济学应用于环境问题的具体研究，如计算最优污染水平时，我们可以从边际效益递减的角度对环境工程核算和微观环境经济决策进行成本——费用分析。环境经济的成本——费用分析研究主要包括：各种生产生活废弃物最优治理和利用途径的经济选择，环境污染防治优化方案的经济选择，环境污染、生态失调的经济损失估价的理论和方法，制定各种污染物排放标准的经济准则，建立各类环境经济数学模型，等等。随着技术进步和人类需求的增加，该项研究工作必须进一步深化和拓展，研究中侧重应用数学、生态学、系统论和控制论等学科理论和方法的应用。①

3. 可持续性问题研究

环境经济学从一开始就贯穿着人类可持续发展这条主轴线，由于经济水平是影响环境的主要因素，近年来，随着环保运动在全球快速兴起和经济可持续发展理念的不断提出，经济评价体系正在朝着环境无害或有利的方向转变和发展。可持续发展观念表现了当代人追求福利的愿望，避免降低或牺牲后代人的福利。可持续发展的核心思想是追求经济发展与环境保护的"双赢"，为了实现这个目标，首先要制定指标体系，然后运用该标准对经济体系的可持续性作出判断并应用于现实分析。②

环境经济学必须体现公平（代际和代内公平）和持久性的内涵。西方学者在对环境资本存量变动做出严格界定的基础上提出弱持续度、强持续度和环境可持续性等概念。根据哈特卫克规则，如将从稀缺性资源

---

① N. T. Williams and J. C. Bough："Pollution from Livestock Wastes：A Review of Recent Legal Development"，*Farmmanagement*，Vol. 10. No. 12 January 2001.

② 刘广龙：《可持续发展与金昌镍资源综合利用》，《矿山环保》2003年第6期。

的使用中获得的所有稀缺性租金以资本形式进行投资，则资源配置的结果将会使得社会在弱持续度上发展起来。环境经济学家指出非持续的经济体系所存在的缺陷并指出对其改变的途径，所有有效率的资源配置形式并非都天然具有可持续性，而且该方式也并不都是具有效率的。①

4. 跨区域环境问题研究

由于在资源共享的同时，彼此之间的损害也是相互作用的，因此环境问题的解决应立足于全局观念，即问题的解决不应仅仅局限于地区，而更应该从地区观念上升到国家观念甚至以全球的视角来分析并解决环境问题。常见的环境问题如酸雨、废气污染以及流经几个国家的河流污染等，尤其是跨区域环境问题成为全球环境问题研究热点，全球"温室效应"和臭氧层空洞问题如今备受关注。② 当一个经济实体利用另一个经济实体的费用或效益而没有得到适当的补偿时，就存在外部性。环境问题的强烈外部性决定了环境问题的普遍性、分散性和全局性，这种跨区域（越境）环境问题需要多方位、跨区域的多边合作才能加以解决。③ 我国地区间环境资源分布严重不均衡，针对不同的区域环境实行差异化政策，努力协调东西部地区环境经济关系、区域内不同行政区间的环境经济利益关系、发达与欠发达地区的可持续发展、经济活动的利益分配格局和所导致的环境成本的分担问题，均应当以"污染者付费，治理者得利，受益者补偿"为原则，并对利益主体的行为进行规范。④

5. 环境经济学的市场化理论

市场经济中的各种规范和制约性制度在环境问题上所表现出的严重环境外部不经济性，说明这种新的利益格局可以运用环境经济学理论对

---

① 刘广龙：《发展矿业循环经济的思考》，昆明理工大学矿物加工工程系：《中国优势和特色矿产资源及二次资源综合利用学术研讨会论文集》，云南科技出版社 2007 年版，第 271—277 页。

② 刘广龙、吴福顺：《废水利用，企业地方双受益》，《WTO 经济导刊》2006 年第 1 期。

③ N. T. Williams and J. C. Bough："Pollution from Livestock Wastes: A Review of Recent Legal Development"，*Farmmanagement*，Vol. 10. No. 12 January 2001.

④ 刘广龙、吴福顺：《废水利用，企业地方双受益》，《WTO 经济导刊》2006 年第 1 期。

其进行分析。随着主流经济学理论的变化，出现了以现代经济学理论为基础而建立的环境经济学理论框架。微观经济学理论从理性、最优化、均衡等方面构筑环境资源的供求曲线和均衡价格，环境经济学以福利经济学和微观经济学为理论基础而逐步发展起来。宏观经济学理论从环境经济学范畴扩展到总量关系上，在国民收入均衡分析中收入环境资本的消耗定量计算，这些方面的理论分析已取得了较为丰硕的研究成果。结合中国经济成长的道路来看，环境保护将要逐步改变计划经济体制下所形成的固定发展方式，以适应市场经济体制，形成以市场调控为主的自我发展与环境保护的内在机制，使环境保护走上市场化、产业化发展的道路。①

第三节　可持续发展与循环经济理论

一、可持续发展理论

（一）可持续发展的含义

"可持续性"思想和"可持续发展"概念是在 20 世纪 80 年代逐渐形成的。随着可持续发展理论和战略的提出以及进入政府决策层面，绿色经济理论进入了新的发展阶段。经济发展过程中存在的资源、环境等问题越来越受到高度重视。在环境经济发展方面，开展了绿色经济、绿色产业、绿色管理、绿色营销、绿色贸易、绿色消费等一系列的实践探索和研究。可持续发展理论作为一种长远的经济增长模式，已经成为当今世界最具影响力的绿色理论。

---

① 刘广龙：《发展矿业循环经济的思考》，昆明理工大学矿物加工工程系：《中国优势和特色矿产资源及二次资源综合利用学术研讨会论文集》，云南科技出版社 2007 年版，第 271—277 页。

对于可持续发展的概念，各个国家的学者从不同的视角给出了各自的认识。J. 库默尔（1979 年）、E. 巴比尔（1987 年）以及世界资源研究所（1992—1993 年）等把可持续发展等同于经济的持续发展；莱斯特·R. 布朗、R. 古德兰和 G. 莱多克（1987 年）、世界自然保护同盟、联合国环境署和世界野生生物基金会（1991 年）等把可持续发展定义为社会的可持续发展；W. 克拉克和 R. 芒恩（1986 年）、A. 马肯亚和 D. 皮尔斯（1988 年）、R. 诺加德（1988 年）、国际生态学联合会和国际生物科学联合会（1991 年）等把可持续发展解释为自然和生态的可持续发展；中国学者（1995 年全国资源环境与经济发展研讨会）则认为可持续发展是生态与经济相协调的发展。

（二）可持续发展的观点

对于同一概念，不同的人有不同的立场和观点。随着可持续发展的理念逐渐进入公众视野，基于可持续发展理论基础上提出来的发展道路以及相关政策也存在着差异。概括起来，对于可持续发展的观点大致可以分成以下四类。

1. 理想模式下的可持续发展

理想模式下的可持续发展也就是所谓的"深生态"以及"生态主义"学说。"深生态"学说认为可持续发展是一种纯粹的发展模式，人类从生态系统中取走的量要与放回生态系统的量相等。理想模式下的可持续发展观点认为人类是生存在确定的生态限制下的。经济的发展也应遵循可持续发展的规律，不可能实现无限扩张。也就是说人类的经济总量应该保持平衡即零增长。在不发达的第三世界国家和发达国家的贫困地区经济数量应当增长，而在已经高度发达的国家和地区，经济则相应地变为负增长。社会经济发展水平的衡量标准是生活质量，并非生活水平。这种观点所倡导的经济总量零增长原则是发达国家和发展中国家所不能接受的，因此提倡和践行理想模式下的可持续发展观念的人很少。

2. "强"可持续发展

"强"可持续发展观点认为经济发展和环境保护两者之间的关系是可以互换的。这一观点反对经济发展是环境保护的前提条件，推崇环境保护是经济发展的前提条件。因此，要实现可持续发展，必须把环境保护放到重要位置，调整当今社会已有的经济发展模式。"强"可持续发展观点认为政治和经济的相关政策的推行应当以维持环境资源的生产能力为目标。这种观点与理想模式下的可持续发展观点的不同在于并不倡导社会经济总量的零增长原则，同时，不过分强调经济总量的增长。要实现"强"可持续发展，需要在保持经济增长总目标的前提下，实现经济由数量型增长向质量型增长转变。

3. "弱"可持续发展

"弱"可持续发展的观点主张在传统经济增长的基础上，实现资源和环境的可持续发展。将环境的持续发展融入经济的发展当中。因此，"弱"可持续发展可以分为两个方面的内容。一方面是实现经济的可持续增长，保证人均实际收入长期稳定增长；另一方面是实现对社会资源和环境的可持续利用。"弱"可持续发展观点认为新古典经济学的原则可以用来解决环境问题。"弱"可持续发展将环境和资源因素与经济增长相融合，在国际组织中得到越来越广泛的认可。联合国组织和世界银行主持的会议中都认可了"弱"可持续发展这一观点。但是，也有一些人反对这一观点。批判"弱"可持续发展观点的人认为，实现"弱"可持续发展不需要对现有的政治经济体制进行大幅度改动，只需要在现有政治经济体制基础上进行改善，将环境因素融入经济发展之中。在这种情况下，受益的是发达国家，对既得利益国家有利，而对发展中国家是不利的。

4. "可拟制"的可持续发展

"可拟制"的可持续发展是一种经济增长至上的传统发展主义的观点，代表着跨国公司的利益。实际上是原地踏步的立场即增长至上的传统发展主义，代表了跨国公司的观点。"可拟制"的可持续发展观点主张以实现各种经济指标如收入、投资、利润、出口等增长为目标，自然环境并非牵制经济增长的因素，坚持传统的经济核算方式，各种政策规定应当以实现生产和经济增长最大化为目标。这一观点不主张环境保护和经济增长的协调，认为人类通过技术表现出来的创造性能够解决所有环境问题。环境并非制约人类社会发展的因素，主张人类的超能力，认为人类的认识能力和操控环境的能力是无限的。持有这种观点的人认为发展就是资本主义向世界非资本主义地区的扩张，忽略了生态环境对经济社会发展的承受能力。

可持续发展是一种融合了生态学、环境经济学、环境伦理学等思想的理论，在国际社会中得到了普遍的认可。作为一种推动社会健康有序发展的发展战略，可持续发展战略对人类活动提出了具体的要求：（1）发展是人类社会进步的根本，可持续发展的前提还是发展。要实现社会进步，提高人类生活水平，满足人们各种需求，必须将发展放在首要地位。（2）发展必须是在"可持续"基础上的发展，必须是生态环境制约下的发展，不能超越生态环境的承受能力和环境的自我修复能力。以保护生态环境为前提，在生态系统平衡的基础上实现高效率发展。（3）可持续发展应该是环境、经济、社会的综合与协调发展。与传统的发展观念相比，可持续发展更为强调发展的基础和能力，以及在对发展概念的理解上使人类伦理道德和价值观予以更新，从而影响和导致人类行为和生产生活方式的更新。[1]

二、循环经济理论

（一）循环经济的内涵

循环经济已经受到人们的广泛关注，在理论方面和实践方面均进行

---

① 汪劲：《中国环境法原理》，北京大学出版社2001版，第41页。

了许多积极的探索。20 世纪 90 年代，国内较早使用循环经济概念的是刘庆山，[①] 诸大建教授随后连续撰文讨论循环经济有关内容。随着研究的不断深入，学者们从不同角度界定循环经济概念，目前，还没有形成一个统一的循环经济定义。

分析对比学者们的研究可以看出，由于不同的研究视角，学者们对循环经济的理解可谓见仁见智，分歧不小。但众多学者也有一个共同的认识，认为循环经济"本质上是一种生态经济，它要求运用生态学规律来指导人类社会的经济活动"[②]（如崔新明，2004 年；黄贤金、钟太洋，2005 年；贾成会，2008 年；徐丽娜，2009 年；姜宏汝，2010 年；等等）。本文将对循环经济的概念进行简单梳理，以便加深对循环经济内涵的认识。

吴季松从资源综合利用、经济增长与经济发展、循环经济区别于线性经济三个不同维度来定义循环经济，认为"循环经济就是在人、自然资源和科学技术的大系统内，在资源投入、企业生产、产品消费及其废弃的全过程中，不断提高资源利用效率，把传统的、依赖资源净消耗线性增加的发展，转变为依靠生态型资源循环来发展的经济"。[③]

国家发改委从资源综合利用和环境保护的角度对循环经济进行了定义："循环经济是一种以资源的高效利用和循环利用为核心，以'减量化、再利用、资源化'为原则，以'低消耗、低排放、高效率'为基本特征，符合可持续发展理念的经济增长模式，是对'大量生产、大量消费、大量废弃'的传统增长模式的根本变革。"[④]

诸大建也从资源综合利用和环境保护视角来定义循环经济，他认为："循环经济是针对工业化运行以来高消耗、高排放的线性经济而言的"，"它要求把经济活动组织成为'自然资源—产品和用品—再生资源'的闭环式流程，所有的原料和能源都能在这个不断进行的经济循

①　刘庆山：《开发利用再生资源 缓解自然资源短缺》，《再生资源研究》1994 年第 10 期。
②　曲格平：《循环经济与环境保护》，《光明日报》，2000 年 11 月 20 日。
③　吴季松：《循环经济——全面建设小康社会的必由之路》，北京出版社 2003 年版，第 3 页。
④　贺然：《以循环经济助推生态文明建设》，《光明日报》，2014 年 11 月 30 日。

环中得到合理的利用，从而把经济活动对自然环境的影响控制在尽可能小的程度。"[1]

曲格平在《发展循环经济是21世纪的大趋势》一文中指出，"循环经济倡导的是一种与环境和谐的经济发展模式。它要求把经济活动组织成一个'资源—产品—再生资源'的反馈式流程，其特征是低开采、高利用、低排放。所有的物质和能量要能在这个不断进行的循环中得到合理和持久的利用，以把经济活动对自然环境的影响降低到尽可能小的程度"[2]。

解振华认为，"循环经济呈现'资源—产品—再生资源'的模式，从生产的源头和全过程削减污染，把废弃物作为放错了地方的资源，对最终产生的废弃物实行无害化处理，从根本上解决了经济增长与资源环境的矛盾。循环经济以最有效利用资源和保护环境为基本特征。"[3]

孙佑海认为，循环经济是指在生产、流通和消费等过程中进行的减量化、再利用、资源化活动的总称。[4]

周宏春在系统比较研究了众多学者对循环经济的定义后，提出了广义循环经济和狭义循环经济概念。同时，他立足于环境保护的角度来定义循环经济，他认为循环经济是指"通过废弃物和废旧物资的循环再生利用来发展经济，目标是使生产和消费过程中投入的自然资源最少，向环境中排放的废弃物最少，对环境的危害或破坏最小，即实现低投入、高效率和低排放的经济发展"[5]。

曹凤中从经济技术范式及环境保护的视角来定义循环经济，他认为："循环经济的核心是以物质闭环流动为特征，运用生态学规律把经济活动

① 诸大建：《可持续发展呼唤循环经济》，《科技导报》1998年第9期。
② 曲格平：《发展循环经济是21世纪的大趋势》，《当代生态农业》2002年第21期（增刊）。
③ 李红：《统一认识，加快推进循环经济发展——访国家环保总局局长解振华》，《中国党政干部论坛》2005年第2期。
④ 孙佑海：《用循环经济解决资源环境问题——解读〈循环经济法（草案）〉》，《中国环境报》，2007年8月31日。
⑤ 周宏春：《循环经济：一个值得重视的发展趋势》，《新经济导刊》2002年第9期。

重构组成一个'资源—产品—再生资源'的反馈式流程和'低开采—高利用—低排放'的循环利用模式，使得经济系统和谐地纳入到自然生态系统的物质循环过程中，最大限度地提高资源与能源利用率，从而实现经济活动的生态化，达到消除环境污染、提高经济发展质量的目的。"①

陈德敏指出，"循环经济的基本概念是：为保护环境，实现物质资源的永续利用及人类的可持续发展，按照生态循环体系的客观要求，通过清洁生产、市场机制、社会调控等方式，促进物质资源在生产与生活中循环利用的一种经济运行形态。循环经济是以资源的反复利用为核心，依托于科技进步之上的，促进经济、环境与人类社会协调发展的运行状态，其依据的是可持续发展的理论体系，是从总体上对经济发展与资源、环境的协调，而从国民经济宏观体系上提出的新概念、新观点。""资源循环利用是循环经济的核心内涵。循环经济的中心含义是'循环'，强调资源在利用过程中的循环，其目的是既实现环境友好，也保护了经济的良性循环与发展。'循环'的直义不是指经济循环，而是指经济赖以存在的物质基础——资源在国民经济再生产体系中各个环节的不断循环利用（包括消费与使用）。资源循环利用是指：自然资源的合理开发；能源原材料在生产加工过程中通过适当的先进技术尽量将其加工为环境友好的产品并且实现现场回用（不断回用）；在流通和消费过程中的最终产品的理性消费；最后又回到生产加工过程中的资源回用——实现以上环节的反复循环。"②

天津理工大学循环经济研究院李健等认为："环境、经济、社会的和谐是人类所追求的，而这一目标的实现就得以经济转型和产业结构的调整为手段"。③

河海大学王均奇认为：产业结构调整必须贯彻循环经济理念，循环经济思路为产业结构调整提供资源环境导向。循环经济思路能够增强产

① 曹凤中等：《生态全息论对发展循环经济的启示》，《环境污染与防治》2002年第6期。
② 陈德敏：《循环经济的核心内涵是资源循环利用》，《中国人口·资源与环境》2004年第2期。
③ 李健等：《生态工业园区产业结构物质流分析》，《现代财经》2006年第10期。

业结构调整的针对性和可持续性，弥补传统思路的不足。[①]

中国社会科学院环境与发展研究中心徐嵩龄提出：由于循环经济具有跨企业、跨部门、跨行业、跨地区等特性，因此，它的实施必然涉及生产技术工艺的新的组合与集成，经济结构与布局的新的调整。因此，有必要为因循环经济而出现的经济结构和布局的调整制定新的规则与规划。[②]

杨多贵、陈劭锋提出：循环经济的实行原则要以经济系统最优化运行为目标。针对整个经济运行系统，从系统整体出发，进行减物质化设计，通过对影响经济系统全局的关键点、要害点和敏感点的重新改进，达到系统的整体最优化，调整、重组、升级和转型产业结构和产品结构，实现由产品经济模式向服务经济模式的转型，从而减少资源消耗，提高经济效益和质量。[③]

冯之浚认为，发展循环经济是一次深刻的范式革命，这种全新的范式与生产过程末端治理模式有本质区别：从强调人力生产率提高转向重视自然资本，强调提高资源生产率，实现"财富翻一番，资源使用少一半"，即所谓"四倍跃进"。[④]

张录强、张连国认为，循环经济是一个由经济系统、社会系统、自然系统复合构成的社会—经济—自然的复杂的系统。这个系统不是纯粹自发地演化出来的，而是在把握自然生态系统、经济循环系统和社会系统的自组织规律后，人为建构起来的人工生态系统。广义的循环经济学就是要研究这个人工生态系统的自组织规律和物质、能量、信息循环规律的综合的知识体系。[⑤]

任勇认为，循环经济是对社会生产和再生产活动中物质流动方式实施了"减量化、资源化、再循环和无害化"管理调控的，具有较高生态

① 王均奇、施国庆：《产业结构调整必须贯彻循环经济理念》，《商场现代化》2006 年第 24 期。
② 徐嵩龄：《为循环经济定位》，《产业经济研究》2004 年第 6 期。
③ 杨多贵、陈劭锋：《循环经济大趋势》，《辽宁科技参考》2003 年第 8 期。
④ 冯之浚：《论循环经济》，《中国软科学》2004 年第 10 期。
⑤ 张连国：《广义循环经济学的科学范式》，人民出版社 2007 年版，第 3 页。

效率的新的经济发展模式。具体讲，就是根据"减量化、资源化、再循环和无害化"原则，依靠科学技术、政策手段和市场机制调控生产和消费活动过程中的资源能源流动方式和效率，将"资源—产品—废物排放"这一传统的线性模式改造为"资源—产品—再生资源"的物质循环模式，充分提高生产和再生产活动的生态效率，以最少的资源能源消耗，取得最大的经济产出和最低的污染排放，实现经济、环境和社会效益的统一，建成可持续的生产和消费模式，建成资源节约型和环境友好型社会。①

左铁镛指出，"循环经济是运用生态学规律来指导人类社会的经济活动，是以资源的高效利用和循环利用为核心，'以减量化、再利用、再循环'为原则，以低消耗、低排放、高效率为基本特征的社会生产和再生产范式，其实质是以尽可能少的资源消耗和尽可能小的环境代价实现最大的发展效益；是以人为本，贯彻和落实新科学发展观的本质要求；是实现从末端治理转向源头污染控制，从工业化以来的传统经济转向可持续发展的经济增长方式，从单纯的科技管理转向经济—社会—自然复合生态系统，从多部门分兵治理转向国家统一部署，与经济目标、社会目标和文化目标的有机结合，通过人文社会伦理教育、法律制度建设和科技创新'三箭齐发'，整合和优化经济系统各个组成部分之间的关系，走新型工业化道路，从根本上缓解日益尖锐的资源约束矛盾和突出的环境压力，实现全面建设小康社会目标，促进人与自然和谐发展的现实选择；是实现由依靠物质资源为主转向以依靠智力资源为主，由生态环境破坏型转向生态环境友好型的历史性和突破性的重大革命；是建设物质文明、精神文明和政治文明，乃至生态文明的有效途径；是人类对人与自然关系深刻反思的积极成果"。②

以上我们梳理了国内学者对循环经济概念的不同定义。由于研究者的视角不同、所属学科各异，对循环经济概念或内涵的界定也就各不相

---

① 李华友、任勇：《中国发展循环经济的政策框架》，《环境经济》2006 年第 4 期。

② 左铁镛：《发展循环经济 构建资源循环型社会》，人民网，2004 年 11 月 21 日。

同。人类的认识规律总是由浅入深的，随着人们对循环经济认识的不断深化，对循环经济内涵的认识也从最初的保护环境、节约资源这种概念性的表述，逐步上升到改变经济发展模式和正确处理人与环境、资源、生态的关系的高度。对循环经济认识上的深化，不仅有助于循环经济的理论研究，而且对于发展循环经济、制定宏观政策、推动立法工作都具有积极的作用。

尽管国内学者对循环经济概念的认识各有自己的特色，目前还没有一个统一的定义，但仔细分析上述各种定义后发现，学者们对循环经济的定义有一些共同的特征，或者说循环经济概念有几个重要特征：

第一，循环经济是一种新的经济发展方式。它摒弃传统的高消耗、高排放、低效率的粗放型增长方式；它走的是一条低消耗、低排放、高效率的集约型发展道路。

第二，循环经济的核心或基本原则是"减量化、再利用、资源化"。

第三，循环经济的技术手段是资源节约和物质循环利用；推进动力是制度创新。

第四，循环经济的目的：最少的资源消耗、最大的经济产出，最少的废物排放、最小的环境代价，实现经济效益、环境效益和社会效益相统一，建成资源节约型、环境友好型、经济可持续发展型社会。

（二）循环经济的原则

任何一种经济模式在运行过程中都会遵从一定的原则。循环经济运行过程也有它的基本原则，这就是国际公认的"3R"原则：减量化（Reduce）、再利用（Reuse）和再循环（Recycle）原则。

"3R"原则是保证循环经济成功实施必不可少的三个环节，依规定顺序进行：减量化属于输入环节，称输入端；再利用属于生产和消费环节，称为过程性；再循环就是将废弃物转化为资源的环节，属于输出端，每一个环节都缺一不可。下面对这三个原则进行简要阐述。

1. 减量化原则是循环经济的第一个环节，专门针对输入端。在生产和消费过程中，在保证预期的生产目的和消费效用不减少的前提下，尽可能减少投入的物质和能源流量，从生产和消费的源头开始重视资源的综合利用，减少对生态环境的污染。因为，不管是在生产领域还是在消费领域，少投入或少消费物质或能源，产生的垃圾或废弃物都相应地减少，所以减量化是通过减少废弃物、预防污染的方式，而不是以末端治理的方式来解决污染问题，是一种积极主动地减少污染的方式。在生产中，主要是依靠技术创新来节约资源实现减量化目的：通过重新设计先进的制造工艺，在不改变产品的功能和品质，充分保证产品质量的前提下，可以通过减少单位产品的原料投入量，减少对不可再生资源的利用，最终达到减少废物排放量的目的。比如，鼓励生产小排量轻型汽车，替代重型汽车，在确保满足"爱车族"乘车的安全标准和出行要求的前提下，不但可以节约对钢材等金属资源的投入使用，大量节约不可再生的铁矿资源，而且可以节省汽油或天然气等能源。在消费中，倡导和树立绿色或生态消费观念，比如，鼓励购买小排量汽车，杜绝一次性筷子、手巾、毛巾等一次性物品，鼓励居民购买可多次循环使用的商品，从使用源头上减少垃圾的产生和环境的污染。

可以从两方面来解读"减量化"的含义：一方面，减少排放废弃物、污染物；另一方面，降低单位产出的能耗。减量化原则是"3R"原则中最重要的原则。减量化是源头治理，从控制初端入手，主要目标是控制和减少生产和消费环节中投入的资源和能源流。也就是说，在生产环节和消费环节，减少原料和能源的使用和消耗，从而达到预期的生产和消费目的。减量化原则中，减少和避免产生废弃物所采取的方式和手段，"主要是预防、产品的清洁生产而非末端治理的，这就可以在源头上处理和解决问题，最大限度地减少对自然资源尤其是不可再生的资源的消耗，达到节约资源和减少污染物的排放的效果，甚至实现废弃物的零排放，实行总量上的控制，预防和减少环境污染和环境破坏。"[1]

---

① 姜宏汝：《福建省矿业循环经济发展研究》，中国地质大学博士论文，2010年。

2. 再利用原则，属于循环经济的第二个环节，是指在生产和消费过程中，尽可能延长产品和服务的使用时间和寿命，而不是使用一次或使用很短时间产品就完结，成为垃圾或废品。再利用原则的核心理念，是"物尽其用"，尽量少产生垃圾，减少对生态环境的污染和破坏。再利用原则也体现在生产和消费环节，并对生产过程和消费过程提出相应要求。

对生产过程来说，再利用原则要求企业对机器和生产设备进行有效的维护和定期保养，尽量延长机器设备的使用寿命，降低报废率或淘汰率，从而减少机器设备转变成废弃物的数量。为达此目的，需要做到：第一，延长产品使用寿命。需要操作机器设备的人员之间紧密团结，既分工又合作，在使用好机器设备，确保经济系统内部物质和能量高效率地运行的同时，充分做好设备的维护和保养工作，延长机器产品向废弃物转化的时间周期，最大限度地提高资源产品的使用效率。第二，树立并实施标准化理念。从产品的开发设计到制造过程，从整个产品的规格到个别零部件的尺寸，都要制定统一的标准并付诸实施。实行标准化设计和制造有诸多好处，不管是对产品进行拆卸还是重新组装，抑或对产品进行维修、更换零部件，都变得非常方便，这样，产品的服务和使用寿命就延长了。例如，在标准化设计以前，计算机和电视机要想升级换代必须更换整机才行。使用标准化尺寸设计后，计算机、电视和其他电子设备的升级换代变得非常容易和便捷，因为不必更换整机，只需更换其中某些关键零部件就可达到升级换代的目的。

对于消费过程来说，鼓励倡导消费者循环使用物品的习惯，对出现故障或问题的产品进行维修再使用，而不是一次性地更换新产品，最大限度地延长产品的使用寿命或周期。同时，建立并完善二手货市场，提倡"节约资源、保护环境"的消费方式和消费习惯，并采取有效措施。一方面，鼓励二手产品包括有问题但可以维修好的商品进入旧货市场进行交易；另一方面，在全社会开展"献爱心"活动，引导广大消费者将自家不再需要的物品捐献出来，供别人继续使用，有效延长产品和服务的使用时间，防止物品过早地成为废物，实现资源的再利用。

3. 资源化或再循环原则属于循环经济的第三个环节，即输出端，就是对废弃物的综合利用环节，这一环节能把废弃物再次变成资源投入使用，以减少最终处理的排放量，达到减少对生态环境污染的目的。根据对废弃物利用后产生的产品不同，可将资源化分成两类，一是原级资源化，即将废弃物作为资源投入使用后产生的新产品与原来的产品相同，例如将回收的废旧报纸、旧课本，甚至从垃圾堆拣出来的废旧纸张生产出再生纸，废塑料生产塑料，废金属生产金属等；二是次级资源化，即将废弃物作为资源投入使用后产生的新产品与原来的产品不相同。第一种类型的资源化对再生资源利用的效率比较高，第二种类型的资源化对再生资源利用的效率比较低。根据资源化原则，为了促进整个循环经济的实现，全社会应增强购买再生物品的意识，减少最终处理的垃圾物品。

对废弃物问题的最优处理程序是：避免排放—回收利用—最终处置。第一个环节，在生产或消费源头，尽量避免产生污染物和各种废弃物的排放。第二个环节，对于生产环节中无法避免，一定要排出但又能再次利用的废弃物，或者在消费过程中使用过的旧货、包装废物如包装纸、包装袋等要加以循环使用，避免过早成为垃圾。第三个环节，对于那些实在不能回收利用的废弃物，或者真正的垃圾，才允许作最终的无害化处理。以消费者使用的包装物为例，循环经济要求的分层次目标是：在拆开包装纸时尽量减少废纸的产生；提倡多次使用各种物品包括包装纸；包装纸多次使用，使包装物资源化；只有实在无法减少、无法再循环使用的废弃物如包装用的尼龙线才加以无害化处理或焚烧。

发展循环经济的过程中，不仅生产者要遵守资源化原则，而且广大的消费者在日常生活中也要遵守。从生产领域来看，传统的生产过程不关心资源化问题，原本可以通过资源化进行处理和回收使用的废弃物被随意地遗弃和排放掉，其实这些废弃物是可以作为资源回收再利用的。因此，为了解决废弃物对生态环境的污染问题，对生产过程中产生的废弃物进行回收利用或资源化处理就显得十分重要。废弃物的资源化或再循环使用有如下类型：一是以某种资源作为原材料制造的产品被废弃后，废弃品再次作为原料回到生产中制造新的产品。如机器设备、电线、家用汽车、电器等报废后，作为废旧金属被回收利用再生产出新的机器设备、电线等；某些废弃的塑料制品也可回收再次利用，制造出新的塑料制品。二是某些废弃物具备新的用途或功能，可以回收利用实现资源化。比如，燃烧后的煤灰或窑渣，可以作为一种新型的建筑材料——空心砖的生产原料，避免了垃圾的产生；化工厂排放的废气如二氧化碳和二氧化硫气体，可以回收作为化工原料制造新的产品，减少或避免对大气的污染。三是某些废弃物并非真正垃圾，还有资源残留其中没有被完全消耗掉。比如，燃烧不完全的煤渣中仍残留有少量煤，这些未被完全燃烧的煤可以收集起来继续使用；废旧的家具和电器，维修后可以继续使用，也可以送人或进入二手货市场交易，再次循环使用。四是某些资源是由几种要素共同组成的，其中某种要素或某几种要素使用后，还有其他要素没被使用，可以继续利用这些未使用的要素。例如，某些共生或伴生的铁铜铝硅矿石，一次生产工序只能得到相应的一种物资，需要经过多次循环使用才能把铁、铜、铝、硅提炼出来，实现资源化。

从消费领域来看，废弃物的资源化大有可为。传统的生活观念或方式就是，人们日常生活中产生大量的垃圾，包括包装物、废旧家具、纸张、电池等不能循环利用，被作为废物丢弃掉，既浪费了资源又污染了环境。其实，这些废弃物或垃圾是可以回收利用实现再循环的。又如，人们对城市生活垃圾的回收也不重视，每天产生大量的生活垃圾，大多都不加分类地简单包装在一起丢弃，不利于垃圾的分类回收和综合利用。其实，如果人们在丢弃垃圾时将可以降解的和不可降解的分类包装并丢在指定垃圾箱内，会有利于垃圾的回收利用，实现垃圾的资源化。另外，提倡厉行节约和健康的生活方式，尽量少使用或不使用一次性生活用品，如一次性纸杯和筷子，从消费源头上主动减少垃圾的产生，这样，可以很大程度上缓解垃圾再循环的压力。

综上所述，"3R"原则在循环经济运行中所处的地位和作用各不相同，虽然它们之间相互影响互为补充，每一个原则都可以通过物质生产和消费领域来体现。"3R"原则对于循环经济而言，就是围绕"节能减排"工作的三个环节，但对它们不能等量齐观，而是各有侧重并按先后顺序递进。实现循环经济最重要或首要环节就是"减量化"；"再使用"不仅是消费过程而且也是生产过程中实现循环经济的重要手段；而"资源化"作为"减量化"、"再使用"两个环节的重要补充，也是实现循环经济的最后一道"防线"或补救措施，三个环节按先后顺序依次进行。"减量化"作为最为重要的环节，统领着"再使用"和"资源化"，"再使用"和"资源化"是为"减量化"这个首要原则和核心目标服务的。无论是在生产过程还是在消费领域，如果人们能够按照"再使用"和"资源化"原则来利用资源，资源消耗就能减少，那么，"减量化"目标就可实现。

随着循环经济在各国的推广和实践，循环经济理论也不断地与时俱进。目前，循环经济"3R"原则在理论界对其认识比较统一。同时，理论界也有人提出了"4R"和"6R"原则。所谓"4R"原则，主要指减量化（Reduce）、再回收（Recovery）、再利用（Reuse）、再循环（Recycle）原则，或者是指减量化（Reduce）、资源化（Reuse）、无害化（Recycle）、重组化（Reorganize）原则。

廖红认为，"4R"原则中的减量化、再回收、再利用原则与"3R"原则是一致的。再循环原则，主要是指使用过的物品不是作为垃圾被丢弃，而是作为可再利用的资源投入生产过程变成新的产品。根据再循环后产生的产品不同，有两种再循环类型，一种是原级再循环，另一种是次级再循环。前者是指使用过的产品或废旧物品被作为原料，再次投入生产过程，制造出同种类型的新产品。① 例如，废旧钢铁再生钢铁，废旧电线再生电线，废旧纸张再生新纸张，塑料再生塑料，等等；后一种次级再循环，是指将使用后的废物或垃圾作为资源或原材料，生产其他不同类型的产品。就"节能减排"的效率而言，原级再循环要优于次级再

---

① 廖红：《循环经济理论：对可持续发展的环境管理的新思考》，《中国发展》2002 年第 2 期。

循环，是发展循环经济要追求的理想境界。

陈锐和牛文元认为"4R"原则是指减量化、资源化、无害化、重组化原则。其中，"无害化"原则主要是指以污染排放最小化为目标，其宗旨就是通过对废弃物的多次回收和综合利用，实现废弃物的最少排放，最终达到排污最小化。重组化原则"是以生态经济系统最优化运行为目标，针对产业链的全过程，通过对产业结构的重组与转型，达到系统的整体最优"。这一原则要求"以环境友好的方式利用自然资源和提升环境容量，实现经济体系向提供高质量产品和功能性服务的生态化方向转型，力求生态经济系统在环境与经济综合效益最优化前提下可持续发展"。①

除了上述"3R"原则和"4R"原则外，国内学者吴季松还提出了"5R"原则，即再思考（Rethink）、减量化（Reduce）、再使用（Reuse）、再循环（Recycle）和再修复（Repair）原则。再思考原则，就是对传统的线性经济增长理论进行反思，因为传统的经济理论没有对资本循环、劳动力循环以及资源循环之间的关系进行研究，特别是没有把自然资源及环境作为经济增长的内生变量，是以资源和环境破坏为代价的经济增长模式。如何总结以往经济史上的经验和教训，重新审视当今的经济理论，坚持科学发展的思想，构建新的经济发展理论，"使其能够对经济发展和自然环境的辩证关系进行解释"，"是人类需要'再思考'的重要问题"。②

减量化，即"建立与自然和谐的新价值观"。这里的"减量化"与"3R"原则的"减量化"有不同的含义。"3R"原则的"减量化"要求在生产和消费两个领域最大限度地提高资源的利用效率：在生产领域，通过提高工艺技术水平，减少土地、矿物、水等资源、能源的投入；在消费领域，提倡反复使用物品，尽量避免使用一次性物品，减少垃圾的排放量。新的"减量化"，"除了改变旧的生产方式，还延伸到减少或改

---

① 陈锐、牛文元：《循环经济：21 世纪的理想经济模式》，《中国发展》2002 年第 2 期。
② 吴季松：《循环经济的最新规范与应用》，《环境经济杂志》2005 年第 8 期。

变第二产业在城市集中的状况，以及在提高人类生活水准的同时合理地减少物质需求。循环经济作为一种新的经济发展理念，要求人们不能把地球既当作取料场，又当作垃圾场，相反应该合理地减少人类的物质需求，做到适度需求、满足需求，即把减量化的概念提高到人类理性需求的层面上来。"科学的减量化，就是把传统的"拼命生产，拼命消费"的生产消费模式，"转变为广大民众的理性需求，实现人们理性需求与地球自然生态系统承载范围内的有效供给之间的良性循环"。①

再使用，即建立优化配置的新资源观。"3R"原则的"再使用"是指在生产和消费过程中，尽可能延长产品和服务的使用时间和寿命，而不是使用一次或很短时间产品就完结，成为垃圾或废品。再利用原则的核心理念是"物尽其用"，尽量少产生垃圾，减少对生态环境的污染和破坏。新的"再使用"原则将以前的理念延伸到工程建设中，"强调充分利用可再生资源，如尽可能利用地表水、太阳能和风能等"；②在生产过程，要求充分利用可再生资源制造产品和包装容器。"再使用原则要求抵制一次性用品的泛滥，因此生产者应该将制品及其包装当作一种日常生活器具来设计，使其像餐具和背包一样可以继续反复使用"。③

再循环原则，即"建立生态工业循环的新产业观"。这一原则要求，"除了将企业生产的废物进行利用形成资源循环以外，还要延伸到整个经济体系中，由粗放型生产的开放链向集约型生产的闭路循环转变，如土地复垦、废水回用和余热充分利用等，形成循环经济的技术体系与产业体系相融合"。④ 根据新的产业观和循环经济观，"所有的废物和垃圾都是放错了地方的资源，应该在产业内部以及产业之间建立资源再利用的循环体系"。⑤ 例如在热电厂、炼钢厂和水泥厂之间建立能源循环利用和固体废物利用的新产业体系；在水产业中建立新的水源地—输水—自来

---

① 王晓冬：《国外循环经济发展经验：一种制度经济学的分析》，吉林大学博士论文，2010 年。
② 吴季松：《循环经济的最新规范与应用》，《环境经济杂志》2005 年第 8 期。
③ 王晓冬：《国外循环经济发展经验：一种制度经济学的分析》，吉林大学博士论文，2010 年。
④ 王晓冬：《国外循环经济发展经验：一种制度经济学的分析》，吉林大学博士论文，2010 年。
⑤ 王晓冬：《国外循环经济发展经验：一种制度经济学的分析》，吉林大学博士论文，2010 年。

水—排水—治污—回用的水产业循环体系等。

再修复原则，即修复被人类破坏的生态系统。人类的生产和生活离不开自然环境，或者说是在自然环境里进行的，可以说自然生态系统是人类创造社会财富的基础。但人类在进行生产活动和消费过程中，对生态系统造成了一定的破坏。因此，再修复原则要求"通过生态建设工程不断地修复被生产和其他人类活动破坏的生态系统，使生态自然系统承载能力提高，进而再增加社会财富生产，形成自然和社会发展的良性循环，使人类与自然和谐发展"。[①] 因此，再修复的最终目标就是要构建一个庞大的平衡系统，在这个平衡系统中有三个子系统，它们分别是社会经济系统、科学技术系统和自然生态系统，推动这三大子系统和谐发展就实现了系统平衡，也就达到了再修复的目的。实现再修复的有效途径是建立一个新型的科技园区，这个科技园区有三重使命：一是创造社会财富，二是减少排污量，逐步实现零排放，三是修复周边生态系统。

综上所述，"5R"原则对原有"3R"原则进行了拓展，是对循环经济理论的发展和完善。西方经济学的传统理念是最大限度地开发自然资源，最大限度地获取利润，最大限度地创造社会财富。循环经济完全颠覆了西方经济学的这一传统理念，提出了一种全新的经济理念，即最大限度地优化配置自然资源，最大限度地提高自然资源利用效率和效益，实现社会经济系统、自然生态系统的良性循环以及经济社会的可持续发展。

（三）循环经济的特征

循环经济作为一种全新的经济发展模式，是包括经济系统、社会系统及自然生态系统在内的一个复杂的系统工程。对于其运行过程的特征，学术界的观点不太一致。梁樑和朱明峰（2005年）在现有研究的基础上对这些特征加以归类，主要分为以下几类：循环经济的思想观念特征、

[①] 王晓冬：《国外循环经济发展经验：一种制度经济学的分析》，吉林大学博士论文，2010年。

经济特征、技术特征、资源特征、环境特征、投资与消费特征以及效率特征。[①]

1. 循环经济的思想观念特征

（1）新的道德观。冯之浚（2003 年）认为，循环经济的道德观是生态道德观，由"以人类为中心"转向"以生态为中心"，要求遵循生态学规律，合理利用自然资源和环境容量，在物质不断循环利用的基础上发展经济，使经济系统和谐地纳入到自然生态系统的物质循环过程中，实现经济活动的生态化。[②]

人类不再是征服自然的主宰，而是自然的享用者、维护者和管理者。因为，"人与自然是一个密不可分的利益共同体，维护和管理好自然是人类的神圣使命。强调同代人之间的公平和代际之间的公平是人的基本道德"。[③]

（2）新的系统观。循环是指在一定系统内的周而复始的运动过程。任何系统都有其构成要素，循环经济是一个大系统，这个系统的构成要素主要是人、自然环境、资源和技术等。系统内部要正常运行，必须以互联的方式进行物质和能量交换，以最大限度地利用进入系统的物质和能量，从而实现"低开采、高利用、低排放"的目标。循环经济的系统观认为，"人在考虑生产和消费时不再置身于这一大系统之外，而是将自己作为这个大系统的一部分来研究符合客观规律的经济原则，保护生态系统，维持大系统持续发展"。[④]

（3）新的发展观。在传统工业经济发展中，只是片面地考虑工程承载能力，而没有考虑资源的承载能力。循环经济观要求发展经济既要"考虑

---

① 梁樑、朱明峰：《循环经济特征及其与可持续发展的关系》，《华东经济管理》2005 年第12 期。

② 冯之浚：《循环经济是个大战略》，《科学学与科学技术管理》2003 年第 5 期。

③ 田春秀：《发展循环经济需要树立新的观念——道德观》，《循环经济理论与实践》，中国环境科学出版社 2003 年版，第 63—64 页。

④ 梁樑、朱明峰：《循环经济特征及其与可持续发展的关系》，《华东经济管理》2005 年第12 期。

工程承载能力，还要考虑资源承载能力"。因为，在生态系统中，"经济发展超过资源承载能力的循环是恶性循环，会造成生态系统退化，只有在资源承载能力之内的良性循环，才能使经济和生态系统平衡地发展"。①

循环经济的发展观是可持续的发展观，在考虑经济发展水平时，不仅仅用 GDP 来衡量，更要考虑自然、经济、社会的协调发展，强调改善环境就是发展生产力。②

（4）新的价值观。循环经济价值观认为，自然界不仅仅是可利用的资源，更是人类赖以生存的基础，是需要维持良性循环的生态系统，而不像传统工业经济那样将其作为"取料场"和"垃圾场"。循环经济价值观包含两层含义，一是环境具有价值，人类通过劳动可以提高其价值，也可以降低其价值；二是发展活动所创造的经济价值必须与其所造成的社会价值和环境价值相统一，追求社会经济与人文协调发展"效益"和"效率"的最大化，不以无节制地耗用资源、能源、污染环境、破坏自然生态为代价。③

（5）新的生产观。"最大限度地开发利用自然资源，最大限度地创造社会财富，最大限度地获取利润"，是传统工业经济的生产观念。与此不同，循环经济的生产观念是要充分考虑自然生态系统的承载能力，尽可能地节约自然资源，不断提高自然资源的利用效率，循环使用资源，创造良性的社会财富。④

（6）新的消费观。循环经济观要求走出传统工业经济"拼命生产、拼命消费"的误区，提倡物质的适度消费、层次消费，在消费的同时还要考虑到废弃物的资源化，建立循环生产和消费的观念。同时，循环经济观要求通过税收和行政等手段，限制以不可再生资源为原料的一次性

---

① 梁棁、朱明峰：《循环经济特征及其与可持续发展的关系》，《华东经济管理》2005 年第12 期。

② 张坤：《循环经济理论与实践》，中国环境科学出版社 2003 年版，第 49—59 页。

③ 梁棁、朱明峰：《循环经济特征及其与可持续发展的关系》，《华东经济管理》2005 年第12 期。

④ 梁棁、朱明峰：《循环经济特征及其与可持续发展的关系》，《华东经济管理》2005 年第12 期。

产品的生产和消费，比如宾馆的纸拖鞋等一次性用品、餐馆的纸杯、饭盒等一次性餐具。[①]

2. 循环经济的经济特征

一是经济发展的生态性。与线性经济发展方式相比较，循环经济不仅具有资源投入最小、产品制造最优、商品消费最佳、废弃物最少等特点，而且更加注重经济发展的生态性。循环经济按照自然生态系统的规律组织经济活动，能合理和持久地利用物质和能量，基本上不产生或者只产生很少的废物，体现出循环经济发展的生态性特征。

二是自然资本的价值性。线性经济注重人力资本、金融资本、加工资本等非自然资本，但忽视自然资本。循环经济不仅将资源、生命系统和生态系统构成的自然资本作为最重要的资本，而且更加注重自然资本的价值性。循环经济认为，自然资本是人类社会最大的资本储备，提高资源生产率是解决环境问题的关键。循环经济强调，通过三个方面的努力可以发挥自然资本的作用："一是通过向自然资本投资来恢复和扩大自然资本存量；二是运用生态学模式重新设计工业；三是开展服务与流通经济，改变原来的生产、消费方式，使物质在经济体系内以循环为基础，通过物质的层级利用，达到整体最优"；通过功能化服务，实现"非物质性"和"商品利用价值最大化"。[②]

三是资源投入的有效性。传统的经济活动是"资源—产品—污染排放"，形成单向、线性的经济模式。一方面，把资源加工成物品，在生产过程中产生污染和废物，随即排放到环境中去；另一方面，在使用或消费物品时产生另一些废物，又排放到自然环境中去。对资源的利用和使用不但是粗放的、一次性的，而且是以资源最终不断地变成垃圾或废弃物来实现经济数量的增长，以污染环境为代价的增长模式。循环经济特

---

① 王占红：《循环经济 绿色经济 生态经济 低碳经济》，新浪博客，2010 年 3 月 4 日；陈彬：《循环经济的生态技术观解析》，东北大学博士论文，2005 年。

② 朱明峰：《基于循环经济的资源型城市发展理论与应用研究》，合肥工业大学博士论文，2005 年。

别注重资源投入的有效性，强调生产活动按照资源反复循环的流程进行，即按照"资源—产品—消费—再生资源"的模式开展经济活动，不仅是所有的原料和能源都在这个闭式循环中得到最合理的利用，而且是生产过程或消费中产生的废物也作为资源被综合利用，这样，就把人类生产、生活对自然环境造成的污染和破坏降到最低限度。

四是生产过程的系统性。传统的经济增长模式中，物质生产和消费过程是彼此分开的，经济系统内部各产业之间也是相互割裂的，系统内发生的只是"一些相互不发生关系的线性物质流的叠加，从而形成大量生产、大量消费和大量废弃的恶性循环"；"循环经济强调产品制造的系统性，强调经济结构内部各产业之间甚至与消费者存在有机联系和共生关系，以互联的方式进行物质交换，最大限度地利用进入系统的物质和能量。"①

3. 循环经济的技术特征

人类的生产过程和消费活动，不管是物理变化还是化学变化，都遵循同样的规律，即从一种物质变为另一种或另几种物质，既产生新的产品，也产生废弃物品。在线性经济中，废弃物就是垃圾，就是对生态环境污染的代名词。在循环经济中，由于新技术和新工艺的采用，生产或生活过程中产生的一些废弃物就不再是垃圾，而变为新的能源或原材料，即再生资源，这就减少了对环境的污染。因此，循环经济的技术载体是环境无害化技术。"环境无害化技术的特征是污染排放量少，合理利用资源和能源，更多地回收废物和产品，并以环境可接受的方式处置残余的废弃物。"② 循环经济的技术主要有两个方面，一是生产加工过程的技术，包括预防污染的少废或无废的工艺技术和产品技术；二是包括最终处理残余废物的末端治污技术。循环经济的主要技术类型包括：污染治理技

① 朱明峰：《基于循环经济的资源型城市发展理论与应用研究》，合肥工业大学博士论文，2005年。
② 朱明峰：《基于循环经济的资源型城市发展理论与应用研究》，合肥工业大学博士论文，2005年。

术、废物利用技术、清洁生产技术等。①

此外，与线性经济相比较，循环经济还具有资源特征、环境特征、投资与消费特征等基本特征。

第四节 绿色经济理论

一、绿色经济理论的内涵及其特征

绿色经济是一种为适应人类社会环保和健康而发展的"新经济"，它是一种以知识为基础，为人类创造绿色财富的经济。绿色经济标志着人类社会进入一个新的健康阶段，同时，也是社会经济文化水平进步的显著标志，是人类文明演变过程中的一个崭新的阶段，是物质文明和非物质文明的结合体。

绿色经济是一种集绿色生产、绿色流通、绿色分配、绿色消费为一体，通过高科技手段，实现社会健康运行的一种经济。随着各种高科技的发展，人类在社会生产活动和各种分配消费过程中可以减少对环境以及人类健康的损坏。使高科技的绿色产品极大地占有市场，成为经济生活中的主导部分，不仅使广大低收入者都能够买得起绿色产品，而且要保持人与自然之间的动态平衡，实现社会公平；另一方面，它又要在自然资源的承载能力范围内，在生态环境的非减性条件下，把技术进步限定在有利于人类、有利于人类与大自然相互关系的轨道上，即按照属于人类的生活或生存方式来求得人与自然之间的和谐。②

绿色经济的内涵延伸了对经济大系统全面创新与效率最大化的内容

①　梁樑、朱明峰：《循环经济特征及其与可持续发展的关系》，《华东经济管理》2005 第 12 期。
②　熊清华等：《走向绿色的发展》，云南人民出版社 2002 年版，第 40－42 页。

和要求，它具有以下一些特征。

（一）绿色经济是以人为本的经济

绿色经济是顺应人类环保和健康的要求产生的，因此，绿色经济的主旨是服务于人的需要和人的发展的，偏离了这一目标来讨论绿色经济毫无意义。因为经济发展的动力来自于人们对经济利益不断增长的追求。一个社会的经济发展目标要得以实现，就必须保证大部分人的福利有所改善，实现人与社会协调发展。强调发展绿色经济，主张人类尊重自然，是要实现经济与人类社会的共同发展，通过绿色经济来提高人类社会的生活质量和福利水平。并不是要牺牲经济发展以及经济发展带给人类福利的改善来换取生态环境的保护以及改善。绿色经济旨在通过人与自然的和谐发展，来更好地实现人类自身的健康发展。绿色经济是一种兼顾个人利益和全人类利益的经济模式，是一种更高层次的人类利己主义。从人类利己主义的观点出发，人类为了自己的生存和发展，必须要保护生态环境，保护动植物，最大限度地节约和利用自然资源，即以人的最大经济福利来实现资源的优化配置。要实现资源的优化配置，必须以人类的经济福利为目的，倡导效率优先原则。

（二）绿色经济始终强调经济发展的生态化

绿色经济倡导环保和健康，因此，生态环境因素是绿色经济发展的基础，必须将生态环境因素融入经济的发展中。要实现经济的持续发展，就必须实现生态环境和资源的持续发展。因此，绿色经济必须动态地推动生态环境和自然资源的持续发展。健康的经济发展应该建立在生态化的基础上，建立在人与自然和谐的基础上，为了使经济发展生态化，必须把技术进步作为经济发展过程的内生因素，必须重视资本、人力资本和生态环境资本。因为其中任何一种形式的资本退化都会危及经济发展。要实现经济发展的生态化，必须提高人类的科学技术水平，建立以"绿色化"为核心的科学技术体系，使科学技术的发展服务于生态环境的保护，在技术的支撑下合理利用社会资源，在技术的带动下，促进经济发展迈向生态化发展的方向。

（三）绿色经济努力追求高层次的社会进步

绿色经济是以市场为导向，以经济与环境的和谐为目的。因此，经济的发展不是绿色经济的最终目的，绿色经济的核心发展理念是实现人类的发展以及生态环境的改善。通过发展绿色经济，实现人类社会向新的阶段迈进。一个社会的进步，不仅仅是生产和分配的体制改革，而是在健康、教育、就业等方面都得到改善。绿色经济理论认为，环境保护应成为社会的自觉行为，其目的在于预防、恢复或补偿由于经济行为所造成的环境损失。为了维护生态环境的进步，必须以"绿色GDP"来取代传统的GDP，作为衡量经济进步与社会发展的指标。

（四）绿色经济是效率最大化的经济

绿色经济之所以称为"绿色"，是因为这种经济模式包含了生态文明和循环经济的内容。绿色经济强调以人为本，把发展经济和全面提高人民生活福利水平作为核心，实现人类社会与自然生态环境的和谐相处以及人类社会经济的进步。同时，绿色经济还包含"经济"的内容，即以最小的资源耗费得到最大的经济效益。与传统经济不同的是，绿色经济是建立在绿色、健康、更有效的基础上使自然资源和生态环境得到永续利用和保护的效率最大化、利润最大化的经济。

绿色经济不仅仅包括最大限度地实现生态系统的和谐、社会系统的"以人为本"，而且还最为显著地实现着经济系统的效率最大化。作为一种将经济发展与自然环境合理利用相结合的经济模式，绿色经济具有能够实现最小资源耗费与最大经济产出、清洁生产资源循环利用、用高新技术创新的生态系统（而不是满足于旧的生态和谐的要求）的特征。因为只有效率最大化才能保证生态系统在新的条件下实现和谐或在更高的层次上实现新的和谐，也才能使社会系统的最大公平目标得以实现。

二、绿色经济理论的实践

理论的提出与具体的实践还有很远的一段距离。要让绿色经济的理论深入人心，推动社会经济发展、提高人民生活水平、促进人与自然之间和谐发展，必须通过实践来实现。

（一）绿色消费

在社会活动中，消费是促进生产的前提，通过消费从而推动经济的发展，对于推行绿色经济理论具有重要意义。绿色消费可以加快促进绿色生产，从而带动绿色经济不断发展。绿色消费有三层含义：一是提倡消费者在消费时，选择未被污染或有助于公众健康的绿色产品。二是在消费过程中注重对垃圾的处置，不造成环境污染。三是引导消费者转变消费观念，崇尚自然，追求健康。在追求生活舒适的同时，注重环保，节约资源和能源，实现可持续消费。要使绿色消费成为社会的共识，就要加强绿色消费教育，引导公众积极参与绿色消费运动。在消费引导方面，各级政府要起保护环境的表率作用，通过政府的绿色采购、消费行为影响事业单位、企业和公众。例如在政府采购中，优先采购经过生态设计或通过环境标志认证的产品，优先采购经过清洁生产审计或通过 IOS 14001 认证的企业的产品；在平时的生活和工作中，注重节约，提高用品利用率，优先购买可重复使用商品，各种生活用品废弃后主动回收；等等。

（二）绿色技术与绿色生产

绿色经济的发展离不开技术的支持和生产的作用。要推行绿色经济，首先要依附的是技术的进步，应当使生产技术系统的运转对生态系统的消极影响很小或有利于恢复和重建生态平衡；同时，产品技术系统功能的发挥以及报废后的自然降解过程对生态系统的消极影响甚微；此外单元技术在产业技术系统中的应用可明显减轻和部分消除原技术系统的生态负效应以及可以实现物质的最大化利用，尽可能把对环境污染物的排放消除在生产过程之中。企业在采用绿色技术进行绿色生产的同时，还要做好绿色营销与绿色策划、产品的绿色设计与绿色定价，即把对生态环境造成的破坏和污染作价计入产品成本，实行生态环境有偿使用制度。

（三）实施绿色 GDP

GDP 是一个国家经济实力的体现，衡量绿色经济发展的一个重要标志便是绿色 GDP。绿色 GDP 是指在原有 GDP 核算基础上考虑资源与环境因素，对 GDP 指标作某些计算调整而产生的一个新的总量指标，即绿色 GDP =（传统 GDP）–（自然部分的虚数）–（人文部分的虚数）。可以看出，它是扣除自然资产损失后新创造的真实国民财富。经济的发展、社会的进步，不仅依赖 GDP 的增长，还依赖自然资源环境和谐统一度的提高。绿色 GDP 不仅能反映经济增长水平，而且能够体现经济增长与自然环境保护和谐统一的程度。英国经济学家沃夫德曾尖锐指出："一个国家如果只有物质资本增加而环境资本在减少，总体资本就可能是零值甚至是负值，发展就是不可持续的。"最早将资源环境纳入核算体系的国家是挪威。1978 年挪威就建立了包括能源核算、鱼类存量核算、森林存量核算，以及空气排放、水排泄物、废旧物品再生利用、环境费用支出等项目在内的详尽统计制度，为绿色 GDP 核算体系奠定了基础。随后芬兰学习挪威，也建立了自然资源核算框架体系。[①] 现在我国也正在积极地构建绿色 GDP 体系，这对于转变各级领导干部政绩观和充分践行绿色经济有着积极的意义。

（四）构建区域绿色经济

区域发展战略是实现经济快速增长的一个重要途径，要推动绿色经

---

① 殷俊明、王平心：《绿色 GDP 的理论基础及发展实践》，《中州学刊》2004 年第 6 期。

济不断发展，使绿色经济理论深入人心，可以在条件许可的区域构建区域绿色经济，打造绿色经济主导产业、绿色经济园区，构建区域绿色经济。根据不同地方特点，打造具有当地特色的区域绿色经济。在自然资源丰富的地方，可以打造生命科学及技术产业。

三、绿色经济理论是对环境与经济关系认识的逻辑发展

绿色经济的概念是顺应人类经济发展要求和人类社会进步的潮流提出来的，旨在满足环境与经济发展的需求，绿色经济理论正是在已有理论的基础上，对环境与经济问题认识的逻辑发展。

马克思的绿色思想是对环境与经济关系最早的阐述。20世纪20年代，迅猛发展的工业革命促使了生态学的产生；随之出现的环境经济学提出了环境与经济的关系，增强了经济学对生活现象和人类行为的解释力。可持续发展理念的提出，更是加速了各种高新技术的发展，使循环经济成为社会经济学新的研究重点。随着一系列围绕环境问题的探讨，以及人类社会发展对经济发展提出的新要求，解决生态环境与经济发展关系的要求越来越迫切。在这个基础上，绿色经济理论应运而生。因此，绿色经济理论是在已有的各种理论基础上，汲取借鉴各种理论的优缺点，顺应社会发展主题方向而提出的。绿色经济与相关理论既有联系又有区别。

绿色经济与环境经济、生态经济都把环境与人作为首要研究与考察的因素，但它们在表现形式与研究重点上是有区别的：环境经济侧重于环境方面，因此它的研究范围主要在于工业领域的环境保护与治理；生态经济主要从宏观经济的角度来研究探讨生态环境问题及它们与经济的相互关系和对相关问题的解决方法，而绿色经济是从环境与健康相结合的角度出发，改进科学技术，发展绿色产业和产品，在提高经济水平的同时，促进人类进步以及环境的可持续发展。生态经济在生产的过程中强调生态关系，通过生态关系的协调来实现对资源的充分利

用，而绿色经济则注重生产过程及结果应符合特定的标准而不管何种生产模式。

绿色经济与可持续发展之间有着很大的联系，绿色经济包含了可持续发展的内容，但是不能把绿色经济和可持续发展当作同一概念看待。两者在很多原则上还是有很大的区别：首先，可持续发展强调社会经济和环境资源的可持续发展，是从全人类社会利益出发来维护人类的利益的；绿色经济是在摒弃传统经济的基础上，实现个人利益的最大化，同时保证个人利益与全人类利益和社会利益相一致。其次，绿色经济作为一种文化，在强调效率优先的前提下兼顾公平，而经济可持续发展则是强调以社会公平为主要目的。绿色经济则是以强调机会公平为主，虽然它也强调绿色的分配制度，即反对分配上不能满足广大低收入者能够买得起绿色产品，但是，必要的分配差异是资源配置有效的一种杠杆和制度，绿色经济主要反对的是非经济因素造成的不平等。至于由于人们的能力造成的结果不平等，绿色经济并不反对它，只是主张通过社会再分配的手段给予社会的弱势群体某些补偿，使他们能够有能力买得起绿色产品。正是绿色经济效率优先的机制，才使得它成为推动经济发展的有效动力。

绿色经济与循环经济虽然在"5R"，即节约资源、减少污染，绿色生活、环保选购（Reevaluate），重复使用、多次利用，分类回收、循环再生（Recycle），保护自然、万物共存（Rescu）等方面有着共通之处，但绿色经济兼顾了效率最大化和社会公正，还包括了以人为本、以科技手段来实现绿色生产、绿色流通、绿色分配的内容。而循环经济强调的"以人为本"主要表现在资源和环境上，对人文的关怀很少体现。循环经济强调通过对人类生存环境的改善来实现人文的关怀。而绿色经济则强调保证最低收入的人能够购买和消费绿色产品的内容，绿色经济理论则在强调社会公平方面比循环经济的内容要丰富得多。

绿色经济理论是在社会已有各种理论的基础上提出来的，与其他理论相比，绿色经济理论更符合社会发展和经济规律的要求。绿色经济理论符合人类追求健康、环保生活的要求，注重以人为本，将人类的需求与环境发展融合起来，促进人类社会与环境的协调发展，在生产领域、生活领域等各个方面都表现出了绿色化的要求。同时，绿色经济强调效果，强调公平，目标是让所有人都能消费绿色产品，从根本上反映了环境与经济发展的要求，符合社会经济发展的需要，适合于绿色经济发展的实践。

随着社会的发展，传统经济发展给环境、经济、社会带来越来越多的问题，不断引起人们对于已有经济模式的思考。马克思主义绿色思想、生态经济学、环境经济学、可持续发展、循环经济学等从各自的角度分析了传统经济造成的发展中的困惑，而绿色经济理论正是在总结各种经济模式的基础上，顺应社会发展要求提出来的，符合社会发展的趋势和人类对于社会发展的需求。理论和实践证明，绿色经济理论是最适合当今社会经济发展的基本理论。

第五节　中国特色绿色经济思想

新中国成立后，中国共产党人针对不同时期我国生态环境的客观实际与社会主义发展的现实要求，不断探索符合国情、世情的国家发展道路。对人与自然关系、经济发展与环境保护关系也有了更加科学、更加深入的认识，绿色发展的理念在曲折探索中意蕴渐浓。

一、毛泽东的绿色发展思想

毛泽东的绿色发展思想主要表现为朴素的绿色发展观。其观点如下：

1. 要建设社会主义的伟大事业，自然资源便是一个重大且重要的不可或缺的因素。毛泽东认为，自然资源是人类生活和生产活动的前提，没有充足与高质量的原料，农业和工业活动都无法有效展开。"天上的空气，地上的森林，地下的宝藏，都是建设社会主义所需要的重要因素。"[①]此外，毛泽东强调，不能无限制地开发和消耗自然，不能竭泽而渔。毛泽东对自然资源的重视程度和对自然环境的重视是对马克思、恩格斯人与自然一体性思想的继承，也是对新中国成立初期社会主义建设实际的正确认识。

2. 要大力发展社会主义社会的生产力，就要厉行节约、反对浪费，勤俭治国与开发利用新能源。毛泽东认为人与自然的相互适应是人类社会不断向前发展的根本原因，他强调人类不能对自然无限制地开发和消耗，所以，"节约是社会主义经济的基本原则之一"。[②]"要使我国富强起来，需要几十年艰苦奋斗的时间，其中包括执行厉行节约、反对浪费这样一个勤俭建国的方针。"[③]"在生产和基本建设方面，必须节约原材料，适当降低成本和造价，厉行节约。"[④]同时，毛泽东还提出要大力开发利用新的、清洁能源，为此他举了例子说，沼气可以做饭、点灯，还可以当肥料用来种庄稼，要大力发展。可见，毛泽东从一开始就已经意识到，社会主义社会的发展要依赖我们的自然环境和自然资源，厉行节约、反对浪费、开发利用新能源就是我们必须长期坚持的发展理念和发展道路。在现在看来，毛泽东的这一节约、合理利用自然资源的思想是我们所提倡的绿色发展理念的思想渊源，也是我们建设资源节约型与环境友好型社会的理论源泉。

3. 毛泽东极为重视水利建设和绿化事业，提倡通过水利建设和绿化事业来综合改善生态环境。毛泽东认为水利是农业的命脉，只有搞好水利工程建设、做好流域治理才能彻底解决水旱灾害，才能促进农业的可持续发展。关于绿化，毛泽东深刻认识到了森林绿化的重要性，绿化可以防止水土流失、改善气候、改善人类生存环境、支持农业和工业生产

---

① 《毛泽东文集》第七卷，人民出版社 1999 年版，第 34 页。
② 《毛泽东文集》第六卷，人民出版社 1999 年版，第 447 页。
③ 《毛泽东文集》第七卷，人民出版社 1999 年版，第 240 页。
④ 《毛泽东文集》第七卷，人民出版社 1999 年版，第 160 页。

等。他指出："没有林，也不成其为世界"，① 并殷切表示："南北各地在多少年以内，我们能够看到绿化就好。这件事情对农业，对工业，对各方面都有利"。② 在这些思想的指导下，全国范围内广泛开展了水利建设和植树造林运动，为国家的经济建设和生态改善做出了重要贡献。

不可否认的是，在后期的社会主义建设中，为了急于摆脱我国贫困落后的局面，毛泽东在环境问题、人口问题等一些问题上做出了错误的判断和决定，使得我国社会主义建设出现了急于求成、违背客观规律的情况。但是，我们应该看到它的时代特定性。要认真总结这些方面的经验和教训，更要肯定毛泽东同志在绿色发展思想上的诸多正确思想，特别是毛泽东同志关于勤俭建国、大力兴修水利工程、重视绿化等方面的思想，具有鲜明的启发性和科学性，是中国特色社会主义绿色发展观的理论渊源和思想基础。

二、邓小平的绿色发展观

邓小平的绿色发展观主要表现为邓小平的人与自然协调发展观。其主要观点如下：

1. 在社会发展进程中，人与自然在生存上不仅是一体性的，更需要人与自然的协调发展。邓小平认为，"环境和自然资源，是人民赖以生存的基本条件，是发展生产繁荣经济的物质源泉。管理好我国的环境，合理地开发和利用自然资源，是现代化建设的一项基本任务。"③ 十一届三中全会之后，邓小平在改革开放的伟大构想和关于社会主义现代化建设的策略中一直将人口增长的控制以及环境保护、资源的合理开发和利用等问题作为头等大事，他认为这些问题关系着国民经济和社会发展，需

---

① 《毛泽东论林业》（新编本），中央文献出版社 2003 年版，第 69 页。
② 《毛泽东文集》第六卷，人民出版社 1999 年版，第 475 页。
③ 国家环境保护总局、中共中央文献研究室：《新时期环境保护重要文献选编》，中央文献出版社、中国环境科学出版社 2001 年版，第 20 页。

要我们时刻警醒。除了对环境资源问题的科学态度，邓小平还提出要"植树造林、绿化祖国、造福后代"。他继承了毛泽东绿化祖国、植树造林的思想，把保护和改善生活、生态环境定为社会主义建设进程中的一项基本国策，不仅要建设和发展社会主义，更要实现绿色发展社会主义。邓小平的这些思想体现了社会主义社会的优越性，社会主义建设就是要把对经济的追求与自然的平衡发展协调起来，内含了社会主义现代化建设绿色发展的理论精髓。这一思想有重要的现实意义。

2. 生态环境的保护与建设在社会主义现代化建设进程中需要我们做好长远规划，更需要走一条法治化的生态保护之路，这是今后推行绿色新政的开端。邓小平认为生态环境建设不能一蹴而就，需要长远规划，"植树造林、绿化祖国，是建设社会主义、造福子孙后代的伟大事业，要坚持二十年，坚持一百年，坚持一千年，要一代一代永远干下去"。[①] 而这一长远规划不但需要政策引导，更需要法制保障。这些思想指导我国生态环境建设走上法制化轨道，随后，国家制定了森林法、草原法、环境保护法等一系列法律法规，社会主义现代化建设中的环境保护与生态文明才有法可依、才有了法律保障。因此，邓小平的生态环境保护思想还上升到法治的层面，这是对马克思主义绿色发展观的最有力的继承和发展，更是对马克思主义绿色发展观的创新。

3. "科教兴国"的发展战略是邓小平对社会主义现代化建设的又一战略规划。邓小平认为生态环境建设也要靠科学与教育，因此他提出了绿色发展的推广方式。邓小平关于"科学技术是第一生产力"的观点对我国的生态环境建设尤为关键，他提出"解决农村能源，保护生态环境等等，都要靠科学"，[②] 而基于我国最现实的人口与资源环境的国情，邓小平说我们不能走西方资本主义国家走过的路，好的要借鉴，不好的要杜绝更要开拓，资本主义国家最大程度地追求经济发展而忽略资源环境

①　《邓小平论林业与生态建设》，《内蒙古林业》2004 年第 8 期。
②　《邓小平年谱》（下卷），中央文献出版社 2004 版，第 882 页。

的承载力，导致西方国家必然走"先污染、后治理"的路子。社会主义国家要寻求资源耗费少、环境污染小的发展渠道就必须积极发挥先进科技的优势，使其成为环境保护的有效手段。邓小平强调，要加强环境管理就需要从人治走向法治。所以，国家在出台一系列环境保护的法律法规的同时，更要提倡科教环保。环境保护并不是嘴上说说，也不仅仅是国家领导层面的问题，这是一项关乎全人类的伟大事业。邓小平将环境保护的伟大课题贯穿到科学与教育两大事业上：科技兴起，利用科技保护自然环境；教育并重，通过教育推动全民环境保护意识。邓小平的科教环保与法制环保的思想丰富和发展了马克思主义绿色发展观的内涵。

三、江泽民的绿色发展观

江泽民的绿色发展观主要体现在其可持续发展的思想里。其观点如下：

1. 中国特色社会主义建设必须走可持续发展道路。20世纪90年代，对于社会主义社会的中国来说资源与环境问题越来越严重，经济需要快速发展，生态环境也需要科学保护。是否能寻求兼顾经济发展与环境保护的发展方式，使得我国不再走西方资本主义国家的发展老路？对此，江泽民明确提出："在现代化建设中，必须把实现可持续发展作为一个重大战略。"[①] "不仅要安排好当前的发展，还要为子孙后代着想，决不能吃祖宗饭、断子孙路，走浪费资源和先污染、后治理的路子。"[②] 把可持续发展作为一个重大战略就是江泽民对绿色发展思想的重大贡献。可持续发展的根本目的就是要解决社会主义国家经济发展与生态环境之间不协调的问题，其根本宗旨是与马克思主义的绿色发展观相一致的。不仅如此，可持续发展战略的构想是江泽民对于邓小平关于人口、资源、环境

---

① 《江泽民文选》第一卷，人民出版社2006版，第463页。
② 《江泽民文选》第一卷，人民出版社2006版，第464页。

要协调发展思想的继承和发展，推进了马克思主义绿色发展观的发展。

2. 社会主义现代化建设进程中，要加强环境保护、走多样化的道路。江泽民在继承邓小平保护环境法治化的思想中，强调要将环境保护方方面面的问题纳入法制轨道，立法要明确、执法要严格，绝不姑息任何有损生态环境的人或事。同时，江泽民还强调加强环境保护要坚持走群众路线，他把"三个代表"重要思想的精髓贯穿到环境保护的群众路线之中，强调要时刻谨记环境保护是关系到人民群众自身福祉的问题。因此走好环境保护的每一步我们都应着眼于人民群众的根本利益，将环境保护、经济发展与人民切身利益联系起来共同推进。江泽民还提出社会主义经济和环境的协调发展要走新型的工业化道路。纯粹以工业价值为目标的发展道路是与社会主义现代化建设道路相矛盾的，我们更多的是要注重资源节约、环境保护与最大限度地追求工业价值三重目标的协调推进。科技含量高、经济效益好、能源消耗低、环境污染少是我们进行社会主义现代化建设必须长期坚持的发展模式。此外，江泽民还提出，生态环境的保护不只是中国需要面对的发展问题，它需要全世界人民团结起来共同探讨，生态环境的保护需要国际上的共同协作。以上这些理论观点构成了江泽民关于保护资源环境与经济发展相协调的思想，是符合中国具体实际和时代特点的发展理念，也是对马克思主义绿色发展观的发展。

四、胡锦涛的绿色发展观

进入 21 世纪，世界性环境问题已转变为生态环境的急剧恶化。针对这一世界性难题，"绿色"两个字变成了影响世界发展的关键词，比如说绿色经济、绿色发展、绿色增长等。绿色发展的浪潮同样冲击着发展中的中国，以胡锦涛为核心的中央领导集体适时提出了科学发展观和构建社会主义和谐社会的思想。科学发展观和建设社会主义和谐社会等一系列思想的提出，集中体现了胡锦涛的绿色发展观。

1. 绿色发展是科学发展观和社会主义和谐社会思想的核心理念。科学发展观的本质要求是生态、经济、社会的整体协调和可持续发展。而绿色发展是可持续发展的前提条件，只有实现了绿色发展，才能实现可持续发展，才能称之为科学发展。在发展过程中，"要牢固树立人与自然相和谐的观念"，① 只有树立了人与自然和谐的观念才能实现经济的发展与人口、资源环境之间的协调。社会主义和谐社会的主要内容就是人与人，人与社会、自然的和谐，只有整体的和谐才是和谐社会。绿色发展观就是追求人与自然和谐共处，人与自然的绿色发展就是和谐社会的核心内容，也是科学发展观的本质内容和要求。

2. 绿色经济发展的途径是通过大规模的科技创新使经济发展朝着循环和低碳的方向前进。绿色发展的本质要求是节约有限的资源能源、减少严重的环境污染，通过科技创新在科学技术成熟的范围内实现循环经济和低碳经济则是我们大力发展绿色经济的最科学的途径。胡锦涛强调，绿色发展，就是依靠科技进步和创新，发展循环经济、低碳技术和环境友好型产业，保护和修复生态环境；依靠科技进步和创新，构建节约型发展模式，降低能耗和物耗。这样通过保护环境和节约资源使经济社会发展与自然相协调。② 建设社会主义现代化，建设"美丽中国"，努力实现社会与自然环境的可持续发展必须以发展循环经济和低碳经济为前提，只有这样才能杜绝我国生态环境污染严重，避免走上先污染后治理的老路。另外，能源资源对经济发展有着一定的制约，实现绿色发展就必须突破这一难题，而要突破这一难题就必须依靠科技进步和科技创新。利用科学技术的进步来解决资源不可再生的问题，研究可再生的能源，缓解经济社会发展与人口资源环境的大矛盾，从而更好地推动实施创新驱动发展战略。

3. 建设社会主义生态文明是实现绿色发展的最高要义，也是社会主

---

① 《科学发展观重要论述摘编》，中央文献出版社、党建读物出版社2008年版，第37—38页。
② 胡锦涛：《在中国科学院第十五次院士大会、中国工程院第十次院士大会上的讲话》，《光明日报》，2010年6月8日。

义现代化建设的最实际需要。党的十八大报告明确提出要实现社会主义现代化，就要实行经济、政治、文化、社会、生态"五位一体"的发展战略，生态文明建设被放在了战略构想中的关键位置。新时期，党和国家将生态文明建设融入经济、政治、文化和社会各个方面，描绘了"美丽中国"的美好蓝图，始终强调要实现中华民族的永续发展。社会主义中国发展到现阶段，国家提出绿色发展的发展理念与发展思想不仅是发展观的转变，同时还体现了十多亿人口的社会价值观的生态化趋势。公众对生态环境的重视程度很大程度上体现了全民绿色发展意识的觉醒，人们越来越多地将目光放得更加长远，去追求更高层次的生态文明。胡锦涛提出科学发展观是以人为本的发展观，生态文明与绿色发展总的内容都是以人为本和以生态为本，注重和谐发展和文明发展。由此可见，绿色发展的精神内涵绕了几圈随即又回到生态文明的发展上来，也就是说，生态文明建设就是绿色发展的最高追求和本质要求。十六大以来，党中央不断推陈出新，以胡锦涛为核心的领导集体形成了关于科学发展和绿色发展的一套新思想新论断，在理论和实践上都对马克思主义的绿色发展观进行了创新，标志着中国特色社会主义的绿色发展轨道逐步建立，同时推动马克思主义的绿色发展观逐步走向成熟。

五、习近平的绿色发展观

面对日益严重的生态环境问题，以习近平为总书记的党中央领导集体高度重视绿色发展问题，希望通过大力推进绿色发展，来实现经济和社会的可持续发展。习近平总书记的绿色发展观主要体现在其发表的多次重要讲话中，观点如下。

1. 转变经济发展方式是实现绿色发展的重要前提

21世纪以来，全世界都有目共睹，粗放型的发展模式浪费了大量不可再生资源，给环境和生态带来了不可恢复的破坏。全球资源、能源枯竭，生态平衡被破坏，环境污染导致的一系列问题层出不穷。转变经济发展方式已是国际上共同面对和思考的重要问题。习近平总书记指出："建立在过度资源消耗和环境污染基础上的增长得不偿失。我们既要创新发展思路，也要创新发展手段。要打破旧的思维定式和条条框框，坚持绿色发展、循环发展、低碳发展。"①

要转变经济发展模式，就要在资源配置和资源利用上下功夫，同时更应注重经济结构发展模式上的调整。只有将资源有效配置和有效利用，将经济结构合理调整，才能更加科学地将经济发展的模式转换到绿色发展的轨道上来。传统的资源利用方式是粗放型的，我们必须摒弃这一利用方式，树立科学的发展理念，走绿色发展道路。"加快经济发展方式转变和经济结构调整，是积极应对气候变化，实现绿色发展和人口、资源、环境可持续发展的重要前提。"②

2. 发展循环经济是推进绿色发展的重要手段

习近平总书记反复强调在新时期要实现社会主义现代化建设，发展循环经济，节约资源、保护环境的重要性、紧迫性和重大意义。他指出："要把节约资源作为基本国策，发展循环经济，保护生态环境，加快建设资源节约型、环境友好型社会，促进经济发展与人口资源环境相协调；要呵护人类赖以生存的地球家园，建设生态文明，形成节约能源资源和保护生态环境的产业结构、增长方式、消费模式"。③ 习近平总书记2013年7月22日在湖北武汉考察时指出，节约资源、保护环境是我国发展的必然要求，全社会都要提高认识，坚持走可持续发展道路。他还指出，变废为宝、循环利用是朝阳产业，希望企业再接再厉。④ 习近平同志在中共中央政治局第六次集体学习时强调要大力发展循环经济，促进生产、流

---

① 习近平：《深化改革开放 共创美好亚太——在亚太经合组织工商领导人峰会上的演讲》，《人民日报》，2013年10月8日。
② 习近平：《携手推进亚洲绿色发展和可持续发展》，《人民日报》，2010年4月11日。
③ 习近平：《携手推进亚洲绿色发展和可持续发展》，《人民日报》，2010年4月11日。
④ 习近平：《坚定不移全面深化改革开放 脚踏实地推动经济社会发展》，《人民日报》，2013年7月24日。

通、消费过程的减量化、再利用、资源化。①

3. 大力发展绿色技术是绿色发展的重要技术支撑

要实现绿色发展，绿色技术就是实现绿色发展的手段和途径，只有通过绿色技术才能实现资源利用率的提高和环境污染的治理。所谓绿色技术就是运用科学技术，发展能源综合利用、清洁生产以及污染治理等技术创新和技术发明。近年来，科学家不断推陈出新，将绿色技术发扬光大，比如一些废物回收和再循环、环境监测技术以及资源重复利用和替代技术等的开发运用，为绿色发展做出了不可替代的贡献。这一系列的绿色技术是国家实现绿色发展的重要依托，也是建设生态文明所需要的技术支持。习近平同志时刻关注着绿色技术的发展创新，他指出："要加快开发低碳技术，推广高效节能技术，提高新能源和可再生能源比重，为亚洲各国绿色发展和可持续发展提供坚强的科技支撑。"② 习近平总书记强调，改革开放以来，"我国经济规模很大、但依然大而不强，我国经济增速很快、但依然快而不优。主要依靠资源等要素投入推动经济增长和规模扩张的粗放型发展方式是不可持续的。""老路走不通，新路在哪里？就在科技创新上，就在加快从要素驱动、投资规模驱动发展为主向以创新驱动发展为主的转变上。"③ 习近平同志所说的科技创新实质就是绿色技术创新。绿色技术创新是符合绿色发展需要的一种技术创新。通过推进绿色技术创新，大力发展绿色技术，提高资源利用率，减少废弃物排放，才能实现绿色发展。绿色技术创新"引领整个产业体系走向健康、环保、安全和低碳"，引领人类走向生态文明新时代。④

---

① 习近平：《坚持节约资源和保护环境基本国策 努力走向社会主义生态文明新时代》，《人民日报》，2013 年 5 月 25 日。

② 习近平：《携手推进亚洲绿色发展和可持续发展》，《人民日报》，2010 年 4 月 11 日。

③ 习近平：《在中国科学院第十七次院士大会、中国工程院第十二次院士大会上的讲话》，《人民日报》，2014 年 6 月 10 日。

④ 苏玉娟：《从财富梦走向生态文明梦——基于人类六次科技革命的思考》，《理论探索》2014 年第 3 期。

4. 正确处理经济发展同生态环境保护关系是推进绿色发展的基本要求

中国的飞速发展是人类社会发展史上一大奇迹，但是我们依然要看到经济发展带来的负面影响。资源的过度消耗是我们面临的第一个关键问题，同时资源的利用率低下，追求经济发展导致的环境污染问题也越来越多，这些都是我们实现社会主义现代化建设的重重障碍。以习近平总书记为核心的党中央认识到以环境污染的代价换来的经济发展模式是绝不可取的，在今后的社会主义建设和发展中我们必须处理好经济发展与环境保护的关系。

2013年9月7日，习近平总书记在哈萨克斯坦纳扎尔巴耶夫大学发表演讲并回答学生们提出的问题，在谈到经济发展与环境保护的关系问题时他指出："我们既要绿水青山，也要金山银山。宁要绿水青山，不要金山银山，而且绿水青山就是金山银山。"[1] 习近平总书记还强调我们不能简单地为了生产总值而忽略环境问题，在追求生产总值的同时更多地践行绿色发展，治理大气污染，解决雾霾问题，正所谓社会主义的发展绝不等同于单纯的经济增长，不能单纯追求 GDP 的增长。中共中央国务院发布的《关于加快推进生态文明建设的意见》明确指出："在环境保护与发展中，把保护放在优先位置，在发展中保护、在保护中发展。"[2] 社会主义国家强调的发展，第一要义是全面的发展，在经济增长的基础之上做到全社会共同进步，全社会共同发展全面发展，从而真真正正地全面提高人民的生活水平和生活质量。而且，我们要着重强调的是，经济的全面发展必须考虑生态环境的承载力问题。如果人民群众的居住环境、生存环境都得不到绿色的保障，那么谈发展就没有任何意义。正所谓"宁要绿水青山，不要金山银山"，就是这个道理。这一绿色发展理念完整地体现了习近平总书记对环境与经济发展相协调的科学态度，同时也

---

[1] 《习近平系列重要讲话读本：绿水青山就是金山银山》，《人民日报》，2014年7月11日。
[2] 《中共中央国务院关于加快推进生态文明建设的意见》，《人民日报》，2015年5月6日。

不难看出国家对走绿色发展道路的高度重视。

5. 发展绿色消费是推进绿色发展的重要途径

人类进行社会生产的最终目的就是为了消费。要推动绿色发展和实施可持续发展战略始终要求我们必须树立正确且科学的消费模式观念，实行科学的消费模式才能实现生态文明建设和绿色发展。习近平同志指出，要大力弘扬生态文明理念和环保意识，坚持绿色发展、绿色消费。[①] 2013 年 4 月 25 日，习近平总书记主持中共中央政治局常务委员会会议，研究当前经济形势和经济工作。会议明确提出要大力发展绿色消费。习近平总书记在中共中央政治局第六次集体学习时强调，要增强生态产品生产能力。[②] 生态产品本身就是为了绿色发展而衍生出来的，不仅具有节约资源能源的特点，更重要的是生态产品是可再生和可回收的，它不威胁人类的身体健康。只有我们有了充足的能满足人类需求的生态产品才能更加科学合理地促进绿色消费、促进绿色发展。不言而喻，绿色消费是顺应这个时代的消费模式，它秉承了绿色发展的基本理念，兼顾了人类的社会活动与生态环境整体利益的可持续性消费模式，同时更是一种理性的消费模式，从衣食住行用等方面来讲更是对绿色发展理念的最好诠释。绿色消费模式打破了传统的资源消耗型的消费方式，在很大程度上解决了资源危机和环境污染的问题，值得我们提倡和践行。更重要的是，这样一种科学健康文明的消费模式是解决经济发展与环境保护矛盾的最有力的武器，是人类社会要发展的必然选择。我国人口多、人均资源量少的基本国情更要求我们必须选择这样一种消费模式，只有这样才能推动中国特色社会主义可持续发展。

6. 改善人民群众的生存环境是我国走绿色发展道路的根本目标

随着改革开放的深入推进，社会主义现代化建设的进程加快，国家

[①] 习近平：《携手推进亚洲绿色发展和可持续发展》，《人民日报》，2010 年 4 月 11 日。

[②] 习近平：《坚持节约资源和保护环境基本国策 努力走向社会主义生态文明新时代》，《人民日报》，2013 年 5 月 25 日。

近几年来大力加强生态环境的保护，在环境监测、工业发展上下了不少功夫，生态文明建设取得了显著成就。但是我们也应该清醒地认识到经过几十年的快速发展，中国广袤的土地上积累下来的环境问题也在时刻警醒着我们。水污染、大气污染、土壤污染以及资源枯竭等问题有目共睹；社会的发展就意味着人民生活水平的提高，人们对生态的要求从以前的懵懂转向明晰。只有保质保量的生态环境才是人类赖以生存的。如果只是有吃穿有房住，那就是还停留在过去，也就意味着发展只是一句空话，人类社会并没有真正地向前走。"如果不能有效保护生态环境，不仅无法实现经济社会可持续发展，人民群众也无法喝上干净的水，呼吸上清洁的空气，吃上放心的食物，由此必然引发严重的社会问题。"① "绿色发展和可持续发展的根本目的是改善人民生存环境和生活水平，推动人的全面发展"。② 我们"要以极其认真负责的历史责任感对待环境与发展问题，坚持走可持续发展道路"，③ "我们将继续实施可持续发展战略，优化国土空间开发格局，全面促进资源节约，加大自然生态系统和环境保护力度，着力解决雾霾等一系列问题，努力建设天蓝地绿水净的美丽中国"。④

生态环境的保护不是一朝一夕之功也不是纸上谈兵，更多的是要一点一滴地落到实处、落到明处。环境关系着最广大人民的切身实际问题，它涵盖了老百姓的吃穿住行用等方面，是关乎民族未来、人类将来的长远大计，要始终铭记环境与人类共生息，保护好环境就是保护人类自己，保护好生态是功在当代、利在千秋的伟大事业。在环境和生态这个问题上，中国乃至全人类都必须作出以下唯一选择：只有坚持绿色发展绿色消费，才能继续实施国家和民族的可持续发展。全面推进生态文明建设，就是要加快社会主义国家经济发展方式的转变和转化，将重点发展绿色产业，推动绿色技术创新，建立绿色发展模式，创造绿色产品，保证环

---

① 《十六大以来重要文献选编》（中），中央文献出版社 2006 年版，第 715—716 页。
② 习近平：《携手推进亚洲绿色发展和可持续发展》，《人民日报》，2010 年 4 月 11 日。
③ 习近平：《携手推进亚洲绿色发展和可持续发展》，《人民日报》，2010 年 4 月 11 日。
④ 习近平：《让工程科技造福人类、创造未来——在 2014 年国际工程科技大会上的主旨演讲》，新华网，2014 年 6 月 3 日。

境与人类发展共同协调共同进步，从而实现人类自由全面的发展。

综上所述，关于我国的绿色发展观，中国共产党几代领导人在全面发展马克思主义的绿色发展观的基础上，以人与自然是一个有机整体为哲学基础进行了长期的探索和不断完善，在社会主义现代化进程中不断推陈出新，使之不断成熟和发展，最终完成了社会主义绿色发展观理论层面的探究。党的十八大以来，迈入社会主义建设新阶段的中国在以习近平总书记为核心的党中央领导集体的带领下，已经马不停蹄地将绿色发展观的理论付诸实践。社会主义中国在新时期将马克思主义的绿色发展观与中国的具体实际结合起来，中国特色的社会主义绿色发展将迈入一个全新的境界。

第二章

国内外绿色经济发展的实践

第一节　国外绿色经济发展的实践

一、美国的绿色经济

"绿色经济"作为一种新型的经济形式，对推动经济的发展、保护环境、促进社会的进步发挥着不可替代的作用。美国作为世界经济发展中的超级大国，在绿色经济的发展中具有代表性。

（一）发展历程

美国的绿色经济概念是在美国总统奥巴马上任后提出的，旨在通过绿色经济的发展来缓解美国严重的就业压力。从提出绿色经济至今，美国绿色经济的发展历程及计划如下：

2008 年，金融危机给美国的经济发展造成了巨大的冲击。但金融危机使美国经济面临危机的同时，也给经济的发展带来了新的发展契机。在这种情况下，美国为了重振经济，开始大力发展绿色技术，希望通过此种技术使美国走出经济衰败的困境。有学者指出："在 2008 年金融危机的影响下，美国需要造就一个超过二三十万亿美元价值的大产业作为美国经济结构的基轴和美国经济崛起的本钱。这个产业就是绿色能源产业。"①

2009 年，奥巴马总统上任后没几日，美国政府就提出了"绿色经济复兴计划"的经济刺激方案，总额达到近 8000 亿美元。这个计划的重要内容之一就是要发展清洁能源，积极应对气候变化。该方案中用于清洁能源的直接投资及鼓励清洁能源发展的减税政策涉及金额达到了 1000 亿美元。根据该计划，到 2012 年美国电力总量的 10% 将来自风能、太阳能等可再生能源，2025 年这一比例将达到 25%；为混合动力车和新燃料电池的开发提供 24 亿美元的资金，并为购买节能型汽车的消费者减税，力争到 2015 年使美国混合动力汽车销量达到 100 万辆。在能源科研领域，美国政府也宣布在 5 年内投资 7.7 亿美元成立 46 个能源前沿研究中心；3 年内拨款 4400 万美元，促进核能技术升级；拨款 7.9 亿美元，推动下一代生物燃料的发展。此外，奥巴马政府还把温室气体减排方案与绿色技术创新联系起来，计划通过碳排放交易机制，在未来 10 年内向污染企业征收 6460 亿美元，其中 1500 亿美元将投入清洁能源技术的应用，以推动美国减少对石油和天然气等石化能源的依赖。②

（二）具体措施

在美国推进绿色经济的发展过程中，发展内容和具体措施主要集中在以下几个方面。

1. 大力推行绿色农业的发展

美国绿色经济的发展，主要集中于对新能源的开发、利用，对环境资源的保护。在这一前提下，绿色农业在生物能源发展中起着至关重要的作用。所以，奥巴马政府除了加大对绿色经济的投资外，还加强农业科研的力度。例如："废除有害的有机化肥和农药，发展安全低毒的化

---

① 郑立：《美国的"绿色经济"计划及其启示》，《中国商界》2009 年第 7 期。
② 余晓葵：《美国"绿色经济"起步艰难》，《光明日报》，2009 年 12 月 17 日。

肥和农药，研发产量更高和具有抗病虫害的新品种，投资高级生物燃料"等。①

2. 发展绿色电力

其一，加大对清洁能源的投资和发展。计划到 2025 年，美国 25% 的电力将来源于可再生能源。通过对可再生能源的使用和发展，达到减少污染、节省资源资金的效果。其二，继续开发使用核能。在核材料的储存和保护等方面加强管理和监督。使清洁能源在使用方面达到最优效果。

3. 发展绿色大气

清洁能源的发展和利用对于改善大气环境具有重要作用。因此，奥巴马政府指出：首先是启动总量控制和碳排放交易系统，其次是制定详细的目标，最后是在 2020 年前将温室气体排放降到 1990 年水平，并到 2050 年再减少 80%。斯坦福大学著名的气候与能源研究学者 Mark Z. Jacobson 在《能源与环境科学》上发表的研究文章指出："2050 年美国实现 100% 可再生供能是可能的"。

除了以上的"绿色经济"发展的主要内容外，美国还特别重视发展绿色汽车、绿色建筑等。在绿色汽车方面，计划到 2016 年美国境内新生产的汽车每百公里耗油不超过 6.62 升。在绿色建筑方面，设定建筑的能耗标准，对节能产品提供一定的优惠政策，鼓励建筑商发展节能建筑等。②

（三）已有成果

在 2011 年 8 月 19 日，美国绿色建筑委员会公布了美国绿色建筑政策成果报告。该报告涉及全美 50 个州。具体成果如下：

1. 俄亥俄州出台了"绿色学校"的预算，这将帮助政府维修和改造老旧校园，从而降低运营费用和产生就业机会。同时，也将改善学习环境。

2. 康涅狄格州建立了第一个由政府管理的"绿色银行"，或称清洁

---

① 郑立：《美国的"绿色经济"计划及其启示》，《中国商界》2009 年第 7 期。
② 潮伦：《各国大力发展绿色经济》，《生态经济》2010 年第 1 期。

能源财政和投资机构，这将使得政府资金投入到遍及全州的清洁能源和能效项目中。

3. 在科罗拉多州，出台了一项新的法规，将为业主提供激励政策，以提高其现有房屋的能效，推动高能效房屋的购买，如获得 LEED 认证的房屋。

4. 在纽约，出台了一项新的贷款政策，帮助业主通过贷款对房屋进行改造以提高能效，同时用设备运行节约的费用来还贷。

5. 在马里兰州，出台了一项绿色建筑标准，以规范全州的地方政府。①

（四）存在的问题

美国绿色经济的发展在取得成果的同时，也出现了一系列的问题，主要有以下几个方面：

1. 绿色经济的发展并没有改善美国的就业危机问题。奥巴马上任初期试图通过"绿色新政"，发展"绿色经济"的举措来改善就业问题，但实际上并没有取得多少成效。截至 2009 年 10 月，仅仅增加了 43 个就业机会，与承诺的就业机会数字还相差甚远。这使得美国人民对绿色经济发展难以继续寄予厚望，绿色经济的发展态势呈低迷状态。

2. 绿色经济的发展使得相关产业进行了一定程度的调整。而产业的调整产生了一系列新问题。例如："原本粮食生产的土地用来生产生物燃料，倘若粮食产生入不敷出的问题，将会面临新的灾难。"② 这类问题的出现可能使人民失去对绿色经济发展的信心，绿色经济在未来的发展中举步维艰。

3. 中国相关研究的学者认为："美国人浪费式的生活方式已经根深蒂固。政府的'绿色新政'是否会引起社会习惯势力的抵触从而导致改革夭折，还有待观察。"③ 这说明美国在绿色经济的发展过程中，受到国人生活观念、方式、态度以及历史文化发展的影响，这些问题的存在可

---

① 资料来源：《美国建筑委员会公布美国绿色建筑政策成果报告》，千家网，2011 年 9 月 7 日。
② 潮伦：《各国大力发展绿色经济》，《生态经济》2010 年第 1 期。
③ 潮伦：《各国大力发展绿色经济》，《生态经济》2010 年第 1 期。

能使美国绿色经济的发展状况在短时间内难以改变。

二、德国的绿色经济

在德国的经济发展过程中，关于可再生能源的先进技术和使用程度一直处于世界的前列。在 2008 年金融危机的冲击下，德国经济也遭受了一定程度的冲击，德国政府在面临困境时，便将绿色经济作为进行其经济复苏的一种重要手段。因此，对德国的绿色经济进行简要的分析和总结，对于我国绿色经济发展也具有重要的启示意义。

（一）发展历程

德国发展绿色经济主要源自欧盟绿色经济的发展与支持。加之德国本身对发展绿色经济也有一定的基础，因而绿色经济在德国的发展较为顺利，并且取得了突出的成就。

新华网曾经报道："欧盟委员会（2009 年 3 月）9 日宣布，欧盟将在 2013 年之前投资 1050 亿欧元支持欧盟地区的'绿色经济'，促进就业和经济增长，保持欧盟在'绿色技术'领域的世界领先地位。欧盟所投入的这笔巨额款项全部用于环保项目以及与其相关的就业项目，其中 540 亿欧元将用于帮助欧盟成员国落实和执行欧盟的环保法规，280 亿欧元将用于改善水质和提高对废弃物的处理和管理水平。"①

2009 年 6 月，德国又召开了第四届德国环境、自然资源保护和核能安全创新会议，德国的外交部部长瓦尔特·施泰因迈尔与环境、自然资源保护和核能安全部长西格玛·加布里尔共同打造了一份旨在推动德国经济现代化的战略文件。文件中主要包括六个方面的内容：环保政策要名副其实，制定各行业能源有效利用战略，扩大可再生能源使用范围，可持续利用生物能源，采取刺激汽车业改革创新措施，以及环保教育、资

---

① 《欧盟将出资 1050 亿欧元支持"绿色经济"》，新华网，2009 年 3 月 10 日。

格认证，等等。①

2012 年 4 月，欧盟环境部长与能源部长在丹麦召开的非正式会议中指出：全力支持欧盟发展绿色经济，认为绿色经济的发展是欧盟走出经济危机的唯一出路，实现绿色转型不仅能增加就业，消除贫困，还能提高欧盟的竞争力。②

2014 年，德国政府希望将绿色能源的使用比例从当前的 25% 提高到 2035 年的 60%，并且将在接下来的 26 年里投入 5500 亿英镑开发可再生能源。③

2015 年 10 月 20 日，美国《郝芬顿邮报》刊载的《第三次工业革命将如何造就绿色经济》一文指出：欧盟正走上一条创建 21 世纪高科技绿色数字经济的大胆新路，让欧洲有可能成为全世界最富有成效的商业场所，同时也是地球上从生态角度讲最可持续的社会。欧洲对于绿色数字经济的见解如今正在得到中国和全世界其他发展中国家的认可。④

（二）具体措施

德国在绿色经济的发展过程中采取了一系列有效措施，主要包括以下几点。

1. 发展低碳经济，完善法律法规

在环境保护方面，德国从 20 世纪七八十年代开始就具有一整套较为完备的环境政策和法律法规：1971 年的《环境规划方案》，1972 年的《德国基本法》和《废弃物处理法》，1986 年的《废弃物限制及废物处理法》，1996 年的《循环经济与废弃物管理法》，2002 年的《节省能源法案》，2004 年的《国家可持续发展战略报告》，等等。这一系列的法律法

---

① 胡小兵：《德国制定绿色经济增长战略》，《中国石化报》，2009 年 9 月 17 日。

② 《欧盟将全力支持发展绿色经济》，新华网，2012 年 4 月 20 日。

③ 《德国发展绿色经济，迫使众多能源企业迁往国外》，雨果网，2014 年 10 月 30 日。

④ 杰里米·里夫金：《第三次工业革命将如何造就绿色经济》，（美国）《郝芬顿邮报》，2015 年 10 月 20 日。

规政策为德国的绿色经济发展奠定了良好的基础，同时这些政策的实施也为以后具体措施的实施铺平了道路。

2. 重视能源的使用和发展

一方面，重视可再生能源的发展。在可再生能源的法律保护方面，政府已出台了《可再生能源法》来进行保护，并且还对可再生能源发电进行补贴。据有关数据显示：到2010年，德国可再生能源的发电占全部发电量的近13%，可再生能源使用占初级能源使用的4.7%。德国可再生能源重点领域包括：（1）促进现有风力设备更新换代，发展海上风力园。应用第一代风力发电技术的发电设施能效较低，因此德国已将更新现有发电设备作为下一步发展风能的重点，并在2008年《可再生能源法》的修改中予以体现。未来风能发展的最大潜力在于海上风能。如果能提高能源效率、降低成本，海上风力发电总量未来30年可达到2万至2.5万兆瓦。为此，德国能源署开展了一项海上风力园实验项目，但目前仍处于计划和初步实施阶段。（2）促进可再生能源的使用。由于可再生能源发电（除水电）起步晚、规模小、成本高，没有独立的电力传输网络，而现存的电网几乎都为大型电力集团所有，这就导致可再生能源发电难以通过电网输送给用户。为解决这一问题，德国1991年出台了《可再生能源发电并网法》，规定了可再生能源发电的并网办法和足以为发电企业带来利润的收购价格。德国计划到2020年将沼气使用占天然气使用的比重提高到6%，到2030年提高到10%。与电力相似，沼气的生产也存在并网和补贴问题。为此，德国相关部门制定了沼气优先原则，促使天然气管道运营商优先输送沼气，并参考天然气制定沼气的市场价格，从而确定补贴额。这些措施的实施极大地促进了德国可再生能源的发展，绿色经济的发展在此举措的实施上取得重大进展。[①]

另一方面，重视能源的使用效率。为了提高能源使用效率，采取了以下措施：

---

① 《德国低碳经济走在世界前列》，中国天气网，2010年6月14日。

一是征收生态税。据报道：生态税是以能源消耗为对象的征税，是德国改善生态环境和实施可持续发展计划的重要政策，税收收入用于降低社会保险费，从而降低德国工资附加费，这样不仅能促进能源节约、优化能源结构，而且能提高德国企业的国际竞争力。①

二是从企业管理方面入手，积极推进企业实行并加强现代化能源管理。发挥工业经济巨大的节能潜力是德国气候保护的重要目标。针对相关的设置进行节能改造，如动力装置、照明系统、热量使用和锅炉设备等都有进行节能改造的空间。

三是推广德国的相关先进技术，例如"热电联产"技术。热电联产就是将发电中产生的热能收集用于供暖，这样既减少了热量的流失，又为发电企业带来了额外的供暖收入。热电联产技术一方面可用于火力发电站的节能改造，另一方面也可用于制造微型发电机，在小范围内解决供电和供暖问题，帮助用户降低对发电站的依赖。

四是实行建筑节能改造。德国政府计划每年拨款 7 亿欧元用于现有民用建筑的节能改造，另外还有 2 亿欧元用于地方设施改造，目的是充分挖掘建筑以及公共设施的节能潜力。改造内容包括建筑供暖和制冷系统、城市社区的可再生能源生产和使用、室内外能源储存和应用等。

3. 减少碳排放量

其中的措施包括：一方面是发展低碳发电站技术。通过运用相关的科学技术手段来持续推进发展低碳发电站技术。据有关报道称："德国政府认为，尽管可再生能源发展迅速，但褐煤和石煤发电站在中期和长期内还将继续发挥作用，因此必须发展效率更高、应用清洁煤技术（CCS）的发电站。CCS 技术可将二氧化碳气体分离并存储起来，只有这样才有可能实现二氧化碳减排目标。"② 另一方面是排放权交易。主要目的是通过市场竞争使碳排放权实现最佳配置，减弱排放权限制给经济造成的扭

① 《德国低碳经济走在世界前列》，中国天气网，2010 年 6 月 14 日。
② 《德国低碳经济走在世界前列》，中国天气网，2010 年 6 月 14 日。

曲，同时也间接带动了低排放、高效技术的开发和应用。

这些措施的出台和应用使得德国的节能减排技术在世界处于领先地位，本身经济的发展也呈现出更加环保、绿色的发展趋势。

（三）取得的成果

由于在绿色经济发展中重视对能源的使用效率以及可再生能源的发展，因此德国在新能源方面取得了巨大的成就。

2012年7月，根据德国太阳能产业协会得出的一组数据：2012年上半年，德国已拥有光伏发电系统120万个，发电总量达147亿千瓦，同比增加50%，满足了840万家庭的用电需求。同时，德国太阳能发电量在供电结构中所占的比重达到4.5%，高于2011年全年的3%，创下历史纪录。与此同时，德国的供电结构中，新能源发电的占比也越来越高，从2000年的6%上涨至2006年的11.7%，再达到2009年的14%。此后，默克尔政府又制定了雄心勃勃的计划：到2020年，实现35%的供电来自可再生能源的目标，而到2050年，这一比例将扩至80%。并且，据欧洲最大的战略咨询公司罗兰贝格预测，2030年，德国新能源产业吸收就业人数将达到71万。[①]

（四）存在的问题

德国在发展绿色经济的过程中，主要出现以下三方面问题：

第一，德国在进行绿色经济发展过程中，为了节约不可再生能源，积极开发利用可再生能源，因而对于工业中使用的不可再生能源征收超高税率，由此造成了德国部分工业企业的能源成本上升，使得部分企业开始慢慢向海外进行迁移。例如：德国著名的化工企业BASF，是德国经济发展中的支柱企业。近年来，由于绿色经济的推进，BASF暂无在德国

---

① 《德国"绿色"秘诀》，《时代周报》，2012年7月19日。

扩大规模的趋势，而是在美国进行投资扩大。①

　　第二，由于大力发展可再生能源，因而给人民生活造成了种种问题。一方面，电费价格昂贵。为了节约用电，政府部门向消费者普及各种节电节能方式手段，因为消费者所支付的可再生能源附加费在不断上涨，导致消费者的电能消费压力越来越大。另一方面，可再生能源发电市场出现电能供应不足。太阳能、风能等由于受到天气等各方面的影响，因而导致消费者在用电途中时常面临电能短缺的危机，时常遭受损失。

　　第三，欧盟在绿色经济发展中面临的普遍问题。中国科技部国际合作司一位副司长指出："绿色创新技术和绿色经济面临的主要问题有：市场价格和生产成本和环境社会效益之间的不相称；僵硬的经济结构；惰性化的生产基础设施和生活消费行为；有损绿色创新的补贴方式；激励政策措施的不足等造成的各种障碍。其他对绿色创新的束缚因素还包括对绿色创新技术推广应用的认知局限以及绿色市场前景的不确定性。如果说上述问题在创新型企业的发展中普遍存在，但对绿色创新型企业尤为严重。"② 这些问题同样给德国发展绿色经济造成了一定程度的阻碍。

三、日本的绿色经济

　　日本的绿色经济在全球绿色经济发展中处于领先行列。其绿色经济的发展时间也较长，并且日本绿色经济的发展在亚洲绿色经济中具有举足轻重的地位。因此，了解日本绿色经济的发展历程、具体措施和存在的问题等对我国的绿色经济发展也具有借鉴意义。

（一）发展历程

　　截至目前，日本的绿色经济发展主要包含下列三个阶段：

---

① 《德国发展绿色经济，迫使众多能源企业迁往国外》，雨果网，2014年10月30日。
② 张志勤：《欧盟绿色经济的发展现状及前景分析》，《全球科技经济瞭望》2013年第1期。

第一阶段，在 20 世纪 70 年代，日本就开始实行与"绿色经济"有关的经济发展模式。1973 年出现的世界石油危机对日本产生了较大影响，因此，在 1974 年 7 月，日本开始推行"阳光计划"。该计划目标长远，规模较大，主要包括太阳能、地热能、氢能的利用，以及煤的气化和液化，也包括风能、海洋能和生物质能的转换和利用。1993 年日本又开始实施新的阳光计划，着重解决清洁能源问题，加速光电池、燃料电池、深层地热、超导发电和氢能等开发利用问题。计划到 2020 年研究开发经费将达 1.5 万亿日元。其发展目标是减少日本现有能耗的 1/3，降低二氧化碳排放量的一半，推进氢能的利用。

第二阶段，在绿色经济已经在全球范围内兴起，被各个国家广泛推行的时候，日本也开始出台政策和措施来大力发展绿色经济。2004 年，日本提出了"面向 2050 年的日本绿色社会情景"计划；2006 年，日本制定了《新国家能源战略》，通过法律法规来进行节能减排；2007 年，日本发表了"日本绿色社会情景：2050 年的二氧化碳排放量在 1990 年水平上减少 70% 的可行性研究"报告；2008 年，又发表了"迈向绿色社会的 12 项行动计划"的研究报告；2008 年 6 月，当时的日本首相福田康夫发表了"为构建日本绿色经济社会而努力"的讲话……

第三阶段，日本的绿色经济上升为国家战略，成为发展经济的一种重要手段。2008 年，日本提出了"发展绿色经济的行动计划"，并且还建立"环境示范城市"，以此推动绿色经济的宣传和发展。2009 年 4 月，环境省发布了《绿色经济与社会变革》，重点支持交通运输领域低碳化、建立绿色金融体系和促进可再生能源开发与普及等。2009 年 5 月，日本推行"环保积分制制度"；2009 年 7 月出台《推进绿色社会建设基本法案》。2010 年 3 月，日本文部省创建了"绿色研究推进中心"，同年 5 月，日本参议院又通过了《绿色投资促进法案》。截至目前，日本仍在继续出台相应的政策和措施以推进绿色经济的发展。

（二）具体措施

在推进绿色经济的发展过程中，日本为了达到绿色发展的良好效果，实施了一系列较为有效的措施，具体如下。

1. 健全绿色经济相关法律法规

比如，在 2000 年 6 月，日本政府颁布《循环型社会形成推进基本法》，第一条就明确指出制定本法的目的是遵照《环境基本法》的基本理念，确定建立循环型社会的基本原则，明确国家、地方政府、企业和公众的职责，规定建立循环型社会的基本规划以及其他有关建立循环型社会政策的基本事项，有计划和综合性地实施建立循环型社会的政策，确保现在及未来全体国民的身体健康，保证公众的文化生活水平。[①] 2001 年 4 月，日本政府颁布实施《家电循环法》；2002 年 4 月，出台《汽车循环法》；2002 年 5 月，又通过了《建设循环法》。这几项法律的通过和实行都体现了日本重视对废弃物的处理、循环利用。上述法律、法规只是日本颁布的环境保护方面法律法规的一部分，具体的法律体系可以参见下图。[②]

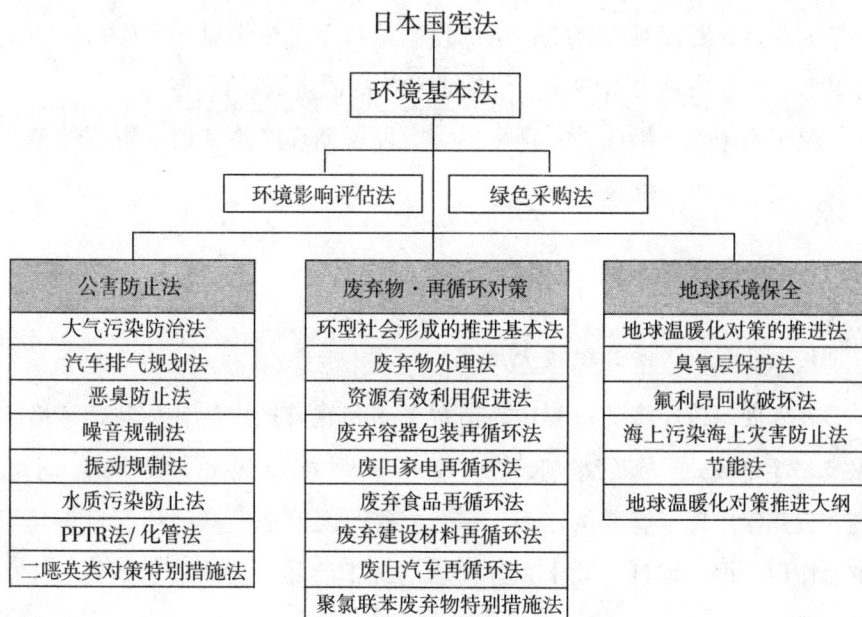

日本国宪法

环境基本法

环境影响评估法　　绿色采购法

公害防止法	废弃物·再循环对策	地球环境保全
大气污染防治法	环型社会形成的推进基本法	地球温暖化对策的推进法
汽车排气规划法	废弃物处理法	臭氧层保护法
恶臭防止法	资源有效利用促进法	氟利昂回收破坏法
噪音规制法	废弃容器包装再循环法	海上污染海上灾害防止法
振动规制法	废旧家电再循环法	节能法
水质污染防止法	废弃食品再循环法	地球温暖化对策推进大纲
PPTR法/化管法	废弃建设材料再循环法	
二噁英类对策特别措施法	废旧汽车再循环法	
	聚氯联苯废弃物特别措施法	

---

① （日本）《循环型社会形成推进基本法》，2000 年 6 月 2 日生效，第 110 号法律，第一章第一条。
② 蔡苑乔、吴番薇：《日本环境法律体系概览》，《广东科技》2010 年第 9 期。

2. 全民参与绿色经济发展行动

日本在进行绿色经济发展的过程中，倡导全民一起行动。在积极向国民宣传污染造成严重危害的同时，让全民参与到维护自己的家园，营造良好的居住和发展环境的活动中来，用"宇都模式"① 的成功经验来让国民明确全民参与对于治理污染的重要性，污染问题不仅需要全民监督，更需要全民行动。

3. 积极发展环保科技

经济发展需要科学技术的大力支持，绿色经济的发展也不例外。为了促进绿色经济的发展，日本不仅积极倡导大学、科研院所等专业研究机构进行环保科技研发，还让企业也参与其中，并把环保科技的研发作为一项投资。有学者指出：为了促进环保科技的发展，日本政府对绿色环保技术研究和应用采取税收优惠、通融资金和折旧优惠等经济手段，如政府规定，对能减轻环境污染的设施可减免税金，对不产生污染的工业装置，可在安装设备的前三年免征50%的固定资产税。②

除了实施以上措施外，日本还大力发展循环经济，倡导资源的循环利用，发展可再生能源等。

（三）取得的成果

1. 消费者环保意识极大增强

在发展绿色经济的过程中，消费者受到政府推出的各项法律、措施以及"宇都模式"等的影响，环保观念牢固树立。譬如，日本的二手市场在近几年出现了繁盛的局面，一个主要原因就是民众的环保意识起了重要作用。据一家具有几十家连锁店的二手商品专卖店商家透露，"在

---

① 宇都模式：1951 年，日本在全国率先设立了以条例为基础的，由"产、官、学、民"组成的"宇都市煤尘对策委员会"。在相互信赖、相互协调、相互协商精神的指导下，全体市民一致行动，积极着手制定实施称为"宇都模式"的独立污染防治对策，取得了良好的效果。

② 廖森泰：《日本发展绿色经济的启示》，《中国农村科技》2009 年第 1 期。

2008 年度各部门销售额方面，服装、服饰和杂货类增长 30.2%，生活用品类增长 27.5%，家电用品类增长 27.2%，总体上来讲，大部分部门的销售额都增长 20% 以上。"① 此外，从 2007 年 4 月起，日本实行容器包装回收法，减少商品的过度包装。在这一过程中，日本绿色购物网向会员企业和会员个人倡议进行一个在一个月内不使用超市塑料袋的活动，结果得到 213 万人的响应，为此节约了塑料袋 1683 万个，这个数字相当于减少了 783 吨二氧化碳排放量。② 这表明消费者的环保意识在绿色经济的发展中大幅度增强。

2. 节能减排成果显著

根据日本 NHK 网站报道，在 2014 年 4 月，日本环境大臣石原伸晃在内阁会议后召开的记者招待会上表示，日本已经达到《京都议定书》规定的节能减排要求。有关数据显示：早在 21 世纪初，日本单位 GDP 的能耗与欧盟相比为 1:1.6，与美国相比为 1:2.7，与韩国相比为 1:3.3，与中国相比为 1:9，并且日本百万美元 GDP 只消耗标准油 90 吨，欧盟大约为 180 吨，美国大约为 250 吨，中国为 836 吨，日本消耗的油量大概为世界平均水平的 1/3。③ 除了在能源方面取得的成就外，日本在其优势产业依靠科学技术进行节能减排方面也取得了不错的成效。例如，领先于世界的日本汽车业，相比较美国、德国等国汽车业在能耗方面有着明显的优势。据悉，同等重量的日本汽车比美国、德国汽车平均能耗减少 20% 左右。

3. 环保产业发展取得重大进展

日本在发展绿色经济的过程中，重视资源循环产业的发展。为了刺激企业进行环保节能产业的发展，日本实行了国家补贴、政府融资、税收优惠等各项政策。因此，企业开始积极加强对环保节能方面的开发和投资。有关学者的研究显示："日本的环保产业在亚洲乃至世界范围内占

---

① 张翕：《从日本绿色经济看经济可持续发展的实现手段》，《湖南城市学院学报》2010 年第 2 期。

② 《日本节能环保：从世界最脏到环保第一》，法制网，2008 年 6 月 1 日。

③ 姜亦华：《节约能源：日本的成效、经验及启示》，《国际经济合作》2007 年第 9 期。

有重要地位，其环保产品及服务市场经过多年的发展已具有相当的规模，日本环保市场在世界名列前茅，如不包括生产过程和研发活动中清洁技术的环保产业，仅对污染防治设备、垃圾处理和回收设备、污水处理设备、新能源和节能设备进行估算，1999 年就达到 200 亿美元以上。"①

（四）存在的问题

日本在发展绿色经济的过程中，在取得一定成绩的同时，也面临着一些问题，主要有以下两个方面。

1. 绿色产业相关企业发展面临困境

在绿色产业发展中多为大力发展节能减排的企业。在这些企业中，大部分企业面临着科技创新发展缓慢的问题。在科技创新的过程中，日本大中小型企业真正能够创新出成果的非常少，且科技创新的成本较高，时间较长，很多企业因资金不足、人才留不住而难以继续进行创新。河北大学日本研究所教授杨书臣在其研究中指出："在接受调查的民间企业中，仅有29%的企业有过从事技术创新活动的经历，只有22%的企业实现了技术创新。"② 除了科技创新方面的问题外，相关企业还具有信息安全的危机。企业的信息因此遭到泄露，不仅危害企业本身的安全，更危害着部分企业员工的安全。企业因此面临生产效率低下和人才流失的问题。在此问题上，杨书臣教授也指出："东京证券交易所 2004 年《信息安全调查》显示，日本大约有 83.5% 的民间企业信息安全受到过侵害。"③

2. 环保资金投入逐渐减少

在日本进行环保事业建设、发展绿色经济的过程中，同样面临着政府财政资金支持不足的现象。从表 1 中我们可以得出：日本环保经费的分配正在逐年减少。不论是在废弃物循环利用方面，还是在大气环境保

---

① 段福林、李晓海：《世界环保产业发展概况》，《山东经济战略研究》2000 年第 7 期。
② 杨书臣：《日本节能减排的特点、举措及存在的问题》，《日本学刊》2008 年第 1 期。
③ 杨书臣：《日本节能减排的特点、举措及存在的问题》，《日本学刊》2008 年第 1 期。

护方面，各种经费都呈下降趋势，这表明日本政府在财政方面呈现紧缩状态，因此在环保资金的支持力度上有所减弱。

表1　日本环保经费的分配情况　　　单位：百万日元

项目	地球环境的保全	大气环境的保全	水环境、土壤环境、地面环境	废弃物、循环利用对策	化学物质对策	自然环境保全和自然亲密接触	对各种措施的基本条件的推进	总和
2003 年	721055	237124	1100108	185530	13846	387241	97418	2742321
2004 年	632423	269661	1034702	167250	15553	357351	100212	2577153
2005 年	543991	314225	923108	149458	13055	332367	89198	2365402
2006 年	460130	303577	818302	144209	12338	317416	78237	2134207

资料来源：（日本）《循环型社会白皮书》（2004 年、2006 年）

四、国外绿色经济发展的比较

通过对美国、德国、日本三个国家发展绿色经济的原因、采取的措施、取得的成就、存在的问题几个方面的探讨，对美、德、日在绿色经济发展中存在的优势和劣势有了一个清晰的框架。下面对上述三个国家的绿色经济发展进行简要的比较分析，明确国外在绿色经济发展中的共同点和不同点。

（一）国外绿色经济发展的共同点

1. 从发展的原因来看

以美国、德国、日本为代表的国外绿色经济的发展，其原因皆是为了本国的经济社会发展能够保持可持续性，在保护环境的基础上发展经济。并且，在经济发展的过程中，都是为了解决一定的社会问题。例如，美国是为了缓解就业压力，德国是为了缓解工业污染带来的环境污染问题，日本是为了通过发展环保事业来发展循环经济，主要针对日本存在的国土面积小、四面环海、环境保护需求高的特点。

2. 从重要意义来看

国外绿色经济的发展在一定程度上都取得了一定成就，对其整体经济、政治、文化、生态环境等方面都具有重要意义。

其一，促进了经济的发展。随着经济全球化的深入，全球消费者环保意识的增强，绿色经济的发展理念更能够符合经济发展的方向和趋势。因此，绿色经济的发展更能够刺激消费者的消费理念，更能够激起人们对"绿色经济"的发展热情。绿色经济的发展道路更加顺畅，更有利于各产业经济的增长。其二，提高了资源利用效率。绿色经济主要提倡在资源能源合理利用的基础上发展经济，因而可持续能源的发展使得资源的利用程度提高，经济发展的可持续性随之增强。其三，一定程度上保护了环境。为发展绿色经济出台的相关措施及政策在节约能源资源的基础上，最大程度保护了生态环境。在环境的改进保护过程中，合理有效地利用能源资源是减少环境污染的主要方面。因此，在发展绿色经济的过程中，人们环境保护观念的增强以及不可再生资源能源消耗量的减少都在一定程度上保护了环境。其四，改善了人民的生活状况、形成了较为合理的生活方式。在绿色经济的发展中，"绿色出行"、"绿色产品（食品）"等都成为绿色经济发展中的重要部分，随着人们绿色环保观念的增强，人们积极响应发展绿色经济，在日常生活和生产中都注意对环境的保护、资源的节约。除此之外，经济发展方式的改进和变化，也使得人们的经济状况随之改善。因此，绿色经济改善了人民的生活水平，促使人们形成了较为合理的生活方式。

3. 从取得的成效看

以美国、德国、日本为代表的国外绿色经济发展模式，迄今为止都取得了显著的成效。

在国外绿色经济发展中，从取得的成效上看，相同的方面有：三个国家在节约能源资源及提高使用效率方面都取得了良好的效果。从美国绿色经济发展状况来看，美国发展绿色经济的最主要目的是增加就业机会，促进低碳经济发展。虽然从近几年的发展成果来看其对于增加就业机会的成效不大，但对于能源的节约、新能源的开发、低碳经济的发展都取得了不错的成果。据有关报道称：美国 2015 年新能源车排行榜，其中特斯拉高居榜首，全年销量达到 2.21 万台……而全年新能源车总销量达到了 12.304 万台。① 从德国绿色经济的发展状况来看，在德国出台相关的法律法规、政策文件的基础上，不仅在能源资源的使用效率方面得以提高，低碳经济发展也处于稳步前进的趋势中。在 2009 年，"德国的可再生能源的发电比重近 13%，可再生能源使用占初级能源使用的 4.7%，这两项指标已经超过了德国制定的 2010 年目标水平。"② 从日本绿色经济的发展状况来看，日本在本身资源能源匮乏的基础上，更加注重对能源资源的节约和使用效率的提高。在绿色经济的发展过程中，日本主要依靠两种发展模式："宇都模式"和循环型社会模式，在资源能源的节约和使用效率的提高方面取得了良好的成效。例如：在 2004 年，日本松下等公司纷纷推出了自己研发的家用燃料电池。这些产品一般发电功率约为 1000 瓦，燃料使用从煤气中提取的氢，不会产生大气污染物。③

（二）国外绿色经济发展的不同点

国外在绿色经济发展的过程中，必然存在着诸多不同。在此，只简单梳理下各国在政策、措施两个方面的不同。我们思考其存在的不同点，旨在弥补我国在绿色经济发展过程中存在的不足及缺点。

1. 有关政策差异

美国为发展绿色经济出台的相关政策，主要侧重于对清洁能源发展的减税以及加大对污染企业的税收。在"绿色经济复兴计划"的方案中，用于清洁能源的直接投资及鼓励清洁能源发展的减税政策涉及金额达到了 1000 亿美元。并且，奥巴马政府还把温室气体减排方案与绿色

---

① 《2015 美国新能源汽车销量排行榜》，新浪网·汽车，2016 年 1 月 3 日。
② 《德国发展低碳经济的政策措施》，山东国际商务网，2009 年 12 月 24 日。
③ 《日本：能源技术新突破不断》，人民网，2004 年 12 月 13 日。

技术创新联系起来，计划通过碳排放交易机制，在未来 10 年内向污染企业征收 6460 亿美元，其中 1500 亿美元将投入清洁能源技术的应用。

在德国发展绿色经济出台的相关政策中，主要侧重于对法律法规的完善以及形成较为完备的环境保护政策。例如，1971 年的《环境规划方案》，1972 年的《德国基本法》和《废弃物处理法》，1986 年的《废弃物限制及废弃物处理法》，1996 年的《循环经济与废弃物管理法》，2002 年的《节省能源法案》，以及 2004 年的《国家可持续发展战略报告》等，德国制定这些法律法规，其目的在于保护环境。

日本围绕发展绿色经济出台的相关法律法规，主要侧重于节能减排。例如，2009 年 4 月环境省发布《绿色经济与社会变革》，重点支持交通运输领域低碳化，减少二氧化碳的排放量，强化绿色经济。而日本实行的"环保积分制制度"，《推进绿色社会建设基本法案》、《绿色投资促进法案》等政策法规，侧重点也在于节约资源和能源，减少能源和资源的投入和消耗，降低二氧化碳及其他废弃物的排放量。

国外在发展绿色经济过程中出台政策的目的或导向不同，表明各个国家在绿色经济发展中都存在着各自的特点和优劣势，因此，要根据各国的具体情况，因时制宜、因地制宜地发展绿色经济。

2. 有关措施差异

美国、德国、日本三个国家在发展绿色经济采取的措施上虽有相同之处，但根据各自具体经济发展状况，三个国家采取的措施也各有侧重。

美国在采取的措施上主要以"绿色"概念为主导，大力发展一切与"绿色"相关的产业和项目。例如，发展绿色农业，大力推行农业科学技术的研发和推广；发展绿色电力，积极开发利用核能；发展绿色大气，积极开发使用新型能源；发展绿色汽车，刺激消费者对新能源汽车的购买；等等。这些措施的使用和推进，使得美国的"绿色"产品发展速度加快，消费者在绿色经济的发展中主要侧重对绿色产品的购买和使用。

德国在推进绿色经济发展的措施方面，主要通过对相关法律法规的完善，为使用和发展可再生能源出台了相关的硬性规定。例如，对能源消耗对象征收生态税，鼓励相关企业实行现代化能源管理等。这些硬性规定使得德国的不可再生能源消耗得以减少，从而促进了可再生能源的开发、使用和发展。

为推动绿色经济发展，日本采取的措施侧重于全民参与，即宣传发动每一个消费者加入到发展绿色经济的过程中来，强调全民行动对保护环境、防治污染的重要性。这一措施的实行使得绿色经济的发展更加平稳快速地进行，并且措施的实施也达到了事半功倍的效果。

措施上的差异主要表明了各国绿色经济发展程度的不同以及各国国民在绿色经济发展过程中的参与度也有所不同。因此，中国在发展绿色经济过程中，依据本国国情可以借鉴国外多种有效措施，促进绿色经济的发展。

第二节　国内绿色经济发展的实践

一、北京

中国国际经济交流中心理事长曾培炎表示："发展绿色经济不仅是我们无法回避和唯一的选择，也是提振当前低迷的世界经济的一项有效的对策，有利于当前，造福后人。"① 在绿色经济全球风靡的前提下，北京作为中国绿色经济发展的代表性城市，始终走在世界绿色经济发展的前列，在取得一定成果的基础上，也总结了一些经验和思路，以此促进其他城市"绿色经济"的发展。

---

① 曾培炎：《发展绿色经济可提振世界经济》，《京华时报》，2016 年 6 月 30 日。

（一）北京绿色经济发展的现状

自绿色经济概念提出以及在"绿色北京"的倡导下，绿色经济在北京的发展取得了突出的成就。例如，在能源资源利用效率方面，《北京市"十二五"时期绿色北京发展建设规划》指出："十一五"期间，北京市以年均4.7%的能耗增长支撑了年均11.4%的经济增长，万元GDP能耗降至0.582吨标煤（2005年可比价），累计下降26.59%，降幅居全国首位，成为全国单位地区生产总值能耗最低、唯一一个连续5年完成年度节能目标的省级地区。万元GDP水耗降至29.4立方米（2005年可比价），累计下降40.46%。再生资源利用效率全面提升，可再生能源占能源消耗总量的比重达到3.2%，比2005年提高2.4个百分点；再生水已成为全市重要水源，年利用量达6.8亿立方米，利用率达60%，比2005年提高30个百分点；生活垃圾资源化率达41%，比2005年提高21个百分点。在主要污染物排放量方面，2010年，二氧化硫排放量削减至11.51万吨，"十一五"期间累计下降39.73%，超出国家下达任务指标19.33个百分点，减幅居全国首位。化学需氧量排放量削减至9.2万吨，"十一五"期间累计削减20.67%，超出国家下达任务指标5.97个百分点，减幅居全国第二位。可吸入颗粒物年均浓度降至0.121毫克/立方米，比2005年降低14.8%。除此之外，在设施承载能力、生态环境以及绿色发展机制方面都有所发展和进步。北京市已基本形成了低消耗、低排放、高效益的经济发展模式，初步走出了一条符合首都自身特色的绿色北京发展道路。

在取得已有成绩的基础上，现如今，北京绿色经济的发展主要集中在以下几个方面。

其一，加快绿色产业的发展。充分利用北京地区地处平原地带、四季分明的气候特点，发展具有特色的第三产业。例如，通过生态旅游、有机农业等的发展来带动整体旅游业的发展。在休闲度假旅游发展方面，加大对旅游健身、旅游养身等方面的投资力度。其二，提高绿色产业发展的质量。大力发展科学技术，利用科学技术的发展来推动绿色产业的发展。利用大数据、云计算、互联网＋等技术来对绿色产业信息进行管理以及对产业布局进行精准的定位，提高绿色产业发展的效率。此外，在节能减排、提高燃料利用率、降低污染程度方面同样利用科学技术的发展来加以改善和缓解。其三，继续调整能源结构。在绿色经济的发展过程中，北京地区着重强调对能源结构的调整。在煤炭的消耗方面要进行一定程度的控制。控制各个行业的燃煤量，大力建设天然气替代工程，推广应用可再生能源，进行风能、太阳能等可再生能源的开发与利用。

（二）绿色经济发展存在的问题

北京在"绿色经济"的发展进程中已取得了巨大成就，但也存在一些问题。

胡鞍钢在《中国创新绿色发展》一书中认为："在'绿色经济'的发展过程中，北京的绿色现代化之路并不平坦，而是充满了挑战，面临着各种不利条件。北京进入城市化和消费结构升级的加速期，城市人口规模、产业发展规模和建筑规模不断增加，水、建设用地、能源等资源需求也将持续刚性增长。北京人均水资源等刚性指标均居世界大型城市后列。作为资源能源高度依赖外埠的城市，今后一段时期，北京将在资源能源供应安全、利用效率等方面面临较大压力。而在有限的空间内，建设用地需求量不断增加与土地可用量不断减少的矛盾也将进一步凸显，急需提高土地利用效率。北京市人居环境面临着严峻的挑战。一方面，随着收入水平提高，北京居民对于人居环境需求不断提高。另一方面，PM2.5已经成为社会关注的热点。随着北京机动车保有量连年加速增长，汽车尾气排放已成为空气质量下降的重要原因，而内蒙古、宁夏等地干涸湖泊、退化草场等沙尘源的存在，每到冬春季节冷暖气流入侵时又会带来浮尘扬沙天气，进一步加剧了空气污染对人体健康的损害。"[1]

北京在绿色经济的发展中，"绿色产业"的发展问题较为突出。以北京市延庆区为例，产业方面的问题有：其一，表现在新型农业的发展上。在北京市农业发展方面，新型农业还存在着发展速度较为缓慢、发展规模较小、发展方式较为单一的现象。在2012年，延庆区都市型现代农业总收入占农林牧渔业总产值的比重只有20.1%，与"十二五"规划50%的目标值相差较远。其二，表现在工业发展方面。在工业发展进程中，新型能源的发展速度较为缓慢，这就造成了发展工业经济的同时，对于经济与环境问题的和谐统一难以达到较高标准。除此之外，延庆区本身的工业经济基础较为薄弱，因此，对于新型能源的发展难以取得财政方面的大力支持。据有关数据统计："进入'十二五'以来，延庆规模以上新能源和节能环保产业占工业总产值的比重徘徊在26%左右，没有明显的增长，这与'十二五'规划中新能源和节能环保产业产值占工业产值的比重达到60%的目标要求差距还比较大。"[2] 其三，表现在服务业发展方面。在服务业发展方面，仍旧存在着现代服务业发展增速较为缓慢、发展途径较为单一的问题。相关数据显示："2011—2013年，现代服务业年均增速为13.1%，传统服务业年均增速为12.7%，虽然现代服务业增长速度超过了传统服务业，但由于二者增速差距不大，因此现代服务业没有形成明显的追赶效应，2013年现代服务业增加值占第三产业增加值的比重为47%，低于传统服务业所占比重。"[3] 在这一发展趋势下，现代服务业的发展在整体服务业发展进程中处于被动局面，其发展能力远没有想象中乐观。

(三) 发展方向

针对北京绿色经济发展过程中已经出现的问题，建议下一步发展方

---

① 胡鞍钢：《中国创新绿色发展》，中国人民大学出版社2012年版，第160页。
② 贺艳萍：《北京延庆突出优势发展绿色经济》，《中国国情电力》2015年第4期。
③ 贺艳萍：《北京延庆突出优势发展绿色经济》，《中国国情电力》2015年第4期。

向如下：

第一，大力推进科技创新，通过创新推动绿色产业的快速发展。北京作为我国的首都，集中了我国最为先进的科学技术及发展经验。在这一基础上，更应精益求精地追赶国际先进科学技术的发展脚步，通过科技创新来推动绿色产业的发展。通过运用先进科学技术来使绿色产业朝着高产出、低消耗的方向发展。因此，要"更加注重创新驱动，着力推动产业发展向高端、高效、高辐射、低消耗、低排放、集约化的方向转变。促使经济发展更多地依靠创新的驱动，全面推进中关村国家自主创新示范区的建设，用好用足各项先行试点政策，切实发挥其引领带动和支撑的作用，实施首都服务品牌的战略，大力发展生产性服务业，加快发展文化创意、旅游产业，持续推进制造业高端升级，积极培育新一代信息技术、新能源、节能环保等战略性新兴产业。"①

第二，在经济发展的过程中，更加注重环境保护。在可持续发展的持续推进中，环境保护与经济发展已成为了不可分割的两部分。环境保护的目的是为了更好地发展经济，而只有发展经济，才能为环境保护提供资金支持。在北京地区，雾霾已成为令人头痛的问题。因此，在"绿色北京"的倡导下，更应该注重环境保护。在水土资源方面，要加强对水土资源的管理监督，合理用水和规划土地，保护水源，对于已被污染的土地要给予土地缓冲恢复的时间，进行合理净化。

第三，大力发展"绿色产业"。"绿色产业"是指能耗低、排放低、污染少、高技术、高附加值的工业，能够实现工业产出增长，碳排放脱钩，即碳排放大大低于工业增长。② 在这种"绿色工业"的发展中，最主要的就是要重视工业中能源的利用。因此，要合理利用不可再生能源，大力发展可再生能源以及清洁能源，努力形成一条"绿色能源"的生产体系。

---

① 《北京发展绿色经济要做到三个"更加注重"》，《中国经济时报》，2011 年 8 月 12 日。
② 胡鞍钢：《中国创新绿色发展》，中国人民大学出版社 2012 年版，第 165 页。

第四，加强生态建设。在发展绿色经济的同时，更加注重对北京的生态建设。继续贯彻执行可持续发展战略，尤其是要合理处理各类产业造成的垃圾，净化水资源和空气，建立多种规模的生态园林、生态基地，提高整个城市的绿色植被覆盖率。积极参与到京津冀生态圈中，为北京的生态建设和发展提供更好的大环境。

第五，倡导绿色健康的生产生活方式。北京作为我国的首都，交通运输方面面临着严重的拥堵问题。因此，在基础设施的使用和建设方面，都应做到绿色环保，减少对能源的消耗，加强对设施的监管；在交通方面，尽量做到绿色出行，减少私家车的使用，尽量使用公共交通工具。据统计，在"十一五"期间，北京的公共交通客运量提高33%，公共交通出行比例提高到40.1%，实现了城乡公共交通全覆盖。①

二、上海

上海作为一个国际化大都市，在经济发展水平上居于国内超前水平，在绿色经济的发展中也不例外。对上海的绿色经济进行总结分析，借鉴其先进的技术经验及发展成果，对全国其他地方绿色经济的发展具有指导意义。

（一）绿色经济发展的现状

上海绿色经济的发展现状主要从以下几个方面来进行剖析：

第一，上海绿色经济发展在节能减排方面取得的成果。从上海市经济和信息化委员会获悉："十二五"以来，经过上海全市上下共同努力，"2015年上海单位GDP能耗为0.463吨标准煤，'十二五'累计下降25.45%，下降率在全国各省市中排名第二。上海积极推进产业结构调整，从最初以被动调整高耗能项目促进节能减排，扩大到主动调整'三

---

① 参见《北京市"十二五"时期重大基础设施发展规划》。

高一低'企业，服务经济转型发展，再逐步转向以战略性调整推进重点区域转型升级。完成产业结构调整项目 4208 项，累计减少能耗 435 万吨标准煤，腾地近 8.8 万亩；完成了浦东张江、嘉定南翔等 12 个区域专项结构调整，正在积极推进普陀桃浦、浦东合庆等 17 个重点区域专项治理。上海统筹推进工业、建筑、交通、公共机构等领域节能工作，大力推进工业节能技改工程（重大项目 500 多项，完成 5153 台燃煤锅炉窑炉清洁能源替代）、绿色建筑与装配式建筑推广工程（绿色建筑面积 4300 多万平方米，装配式建筑 1000 多万平方米）、新能源汽车推广工程（新能源汽车 5.5 万辆）等重点工程，成效明显。节能监察管理体系不断完善，完成 30 个产品能耗限额标准的年度核查以及对全市 100 家公共建筑温度情况的实时监控。"①

第二，生态建设方面取得可喜成绩。比如，上海的吴淞口古炮台以往可以说是一处堆放工业垃圾的垃圾场，而现在则变成了一处湿地森林公园。吴淞口的建设则是上海进行生态文明建设的一个重要明证。上海市政府发展研究中心领导层认为："坚持生态优先、绿色发展，既是上海多年来持之以恒抓生态建设的一条重要经验，也是上海谋求更高层次发展的一个基本路径。未来，上海要走一条绿色、可持续发展之路，必须'站位要高、视野要宽、有取有舍'"。"近年来上海划定了长江岸线的生态'红线'，在环境治理和生态改善上做了很多工作。未来，上海还要在有限的国土空间里巧做生态'加减法'，成为长江经济带绿色发展的表率。"②

第三，在"绿色产业"发展方面。上海在"绿色产业"的发展方面一直大力提倡工业节能减排。上海市能效中心领导层指出："绿色产业园区是工业节能减排的重要抓手，2016 年市经济信息化委选定了临港产业区、金山工业区、上海化工区、金桥开发区、市北高新区等 5 家园区进行

---

① 《上海迈入全域绿色转型新阶段》，《经济日报》，2016 年 6 月 21 日。
② 《上海昂起绿色发展"龙头"》，中国经济网，2016 年 4 月 25 日。

绿色产业园区试点示范，以逐步带动全市国家级和市级园区全面创建绿色产业园区。""选中的园区各有代表性，通过这些园区的先行探索试点，为今后的全覆盖铺路。'十三五'期间，本市市级以上产业园区均将实现绿色全覆盖，并且在5年的时间内，建成5个达到国际级先进水平的产业园，10个达到国内领先水平的产业园，绿色产业园区的单位能耗比2015年下降15%以上。"① 上海的"绿色产业"发展正处于不断上升的趋势中。

（二）绿色经济发展存在的问题

经济的发展不可能一帆风顺，取得发展进步的同时往往也伴随着一定问题的出现。上海在进行绿色经济发展的过程中，同样也存在不容忽视的问题。

第一，能源资源问题仍然严重。统计数据显示："2015年，长江经济带产出 GDP30.6万亿元，每平方公里地区生产总值约为1490万元。目前，长江经济带已基本形成以通信设备、计算机及其他电子设备制造业、汽车制造业、电气机械和器材制造业、纺织业、纺织服装服饰业为重点工业部门的产业集群。然而上海市政府发展研究中心调研报告指出，近年长江经济带产业迅速发展的同时，高强度开发也造成了大量资源消耗，整个经济带土地开发强度高出全国平均开发强度2.5个百分点；能源消费总量高达16.2亿吨标准煤，占全国能源消费总量的36.4%；用水总量达2651亿立方米，其中工业用水为856亿立方米，分别占全国用水总量的47.3%和工业用水量的60.8%（2013年数据）。"② 这说明上海在进行绿色经济发展过程中，"黑色能源"在转换为"绿色能源"中仍然存在着较大的阻碍。

第二，保护范围广，进行生态建设难度较大。上海处于沿海地带，同时又处于长江流域，因而不论是沿海领域还是长江沿岸都是上海进行生态建设保护的重要区域。其中长江岸线的长度达104公里，每年过境

---

① 邵未来：《上海将开展绿色产业园区试点》，东方网，2016年6月13日。
② 《上海怎样打造生态文明的绿色经济》，《解放日报》，2016年2月25日。

长江水达 9335 亿立方米。① 近年来，上海在建设长江防护林体系、水土流失及岩溶地区石漠化治理、退耕还林还草、水土保持、河湖和湿地生态保护修复等工程方面任务仍然艰巨。

（三）发展方向

第一，继续大力发展"绿色能源"。有学者认为："绿色能源产业已极大突破了传统能源产业的范畴，由基础层面向高端产业提升。上海要围绕现代实体经济产业体系建设，积极致力于产业关键技术研究开发，全力推动健康医疗产业发展，使之成为未来上海经济增长新引擎；促进智能制造和绿色能源产业与传统制造产业的衔接和融合，实现上海传统制造产业转型与升级；加大应用创新力度，发挥好信息网络产业平台性的支撑作用，培育和发展'四新'企业，推进智慧城市建设，为上海现代实体经济产业发展提供基础保障。"②

第二，大力加强生态建设。"上海还应积极参与解决长江水污染防治、长江河道疏浚、森林覆盖率下降等问题，保护和修复流域生态系统，推动流域绿色生态、循环低碳和可持续发展。在环保部统筹协调以及 UNEP 等组织协调下，上海可以探索建立具有国际水准的环境监测网络，优化提升区域生态环境。上海还可以研究开展生态补偿制度，探索建立资源有偿使用、环境污染补偿等制度，充分发挥碳交易市场作用，推动长江经济带绿色可持续发展。市政府发展研究中心的报告指出，上海推进长江经济带生态文明建设，不光是将目光聚焦在流经上海的长江水上，更要着眼 6300 公里的整条长江，在更大的范围内发挥作用、进行协调、作出贡献。""上海在'十三五'时期，可以主动开展围绕长江流域建立横向生态补偿工作的研究，按照'谁受益谁补偿'的原则，探索建立可行的上中下游开发地区、

---

① 《上海怎样打造生态文明的绿色经济》，《解放日报》，2016 年 2 月 25 日。
② 沈跃栋等：《绿色能源产业及其技术的地位与作用——产业关键技术新突破对上海现代实体经济产业体系建立的影响分析》，《上海节能》2015 年第 1 期。

受益地区与生态保护地区横向生态补偿机制框架。"①

第三，出台相关的法律法规来进行规范和引导。上海的经济发展一直处于国内领先行列，在发展绿色经济的过程中，由于第一、第二、第三产业涉及的企业众多，因而更需要法律法规来进行管理和指导。因此，应该尽快修订《环境保护法》，对于环境发展还存在漏洞的领域，应该尽快出台具体的法律政策，例如在节能减排方面、在生态建设方面、在环境污染治理方面等。有学者曾指出："在制定和修订财政、金融、税收、投资、对外贸易等法律法规时，要充分考虑从法律措施上支持绿色经济发展，加强绿色经济执法，加大对违法行为的处罚力度。"②

三、云南

（一）绿色经济发展的现状

中共十八大把生态文明建设提到了空前的高度，云南省提出要建设绿色经济大省和强省。经过多年的努力，云南省已具备了发展绿色经济的良好环境基础。

云南省之所以选择绿色经济发展道路，其实就是云南在全球绿色经济转型背景下，作为中国一个发展区域，实现跨越式发展的战略选择。在发展过程中，绿色经济已经在社会发展中起步，越来越引起人们的重视。在全国参与测算的 30 个省（市、区）中，云南绿色发展水平排名第7，昆明城市绿色发展水平排名第 3。③

第一，云南发展绿色经济实际上就是将原有的经济发展方式变为绿色发展的生产方式。云南在第一产业的发展上继续选择现代农业的生产

---

① 《上海怎样打造生态文明的绿色经济》，《解放日报》，2016 年 2 月 25 日。
② 李忠：《促进我国绿色经济发展的对策建议》，《宏观经济管理》2012 年第 6 期。
③ 张锐、田逢春：《云南：生态立省环境优先 坚持绿色发展基调》，《云南日报》，2013 年 5 月15 日。

方式，努力打造国内成名品牌，如高原特色的生态农业、绿色食品、有机食品基地建设等。在第二产业的发展上仍然继续走新型工业化道路，加快发展现代生物、新材料、节能环保、新型能源等新型产业。在第三产业的发展上大力发展旅游业、文化产业、现代物流等现代服务业，将过去的传统的商贸流通、交通运输、餐饮娱乐等服务业改造升级，积极推进产业发展园区化、生态化。

第二，云南省以更大的强度抓节能减排。节能减排是绿色发展的内在要求。目前，云南省已锁定目标，措施更硬，责任更严，综合运用经济、法律和必要的行政手段，全力抓好节能减排这一硬指标、硬任务。突出抓好工业、交通、建筑等重点领域和重点耗能企业节能减排，大力实施重点节能改造工程、节能产品惠民工程、合同能源管理推广工程和重点减排项目，确保全面完成化学需氧量、氨氮、二氧化硫、氮氧化物四项主要污染物削减的目标任务。建立重污染企业退出机制，对污染重、能耗高、没有发展潜力的企业，实施限期淘汰，腾出环境容量。大力推广和使用节能新技术、新工艺、新材料，深入开展创建节约型城市、节约型企业等活动，鼓励节能、节水、节地、节材，扩大减排空间。

第三，云南省以更大的幅度抓环境保护。当前，水污染、空气，特别是城市大气污染和重金属污染是群众反映比较强烈的突出环境问题。为此，云南省从解决这些事关群众切身利益的问题入手，加大综合治理力度，切实提高人民群众对生态环境的满意度。对所有饮用水源地实施全覆盖保护，让人民群众喝上洁净的水。加大江河湖泊治理力度，抓好以滇池为重点的九大高原湖泊水污染综合防治工作，巩固、提升治污成果，加强出境跨界河流水环境综合防治。[①]

（二）绿色经济发展存在的问题

第一，生态环境遭到破坏。在云南发展旅游业的过程中，生态环境

---

① 赵林、任秀芹：《当前云南绿色经济发展水平与绩效的探索》，《经济研究导刊》2015 年第 11 期。

曾遭到不断破坏。一是旅游项目的不断开发。在开发的过程中，不仅产生了大量的建筑垃圾给土地造成污染，还使绿色植被的覆盖面积不断缩减，取而代之的是大量的旅游休闲场所和游客住宅区。二是游客旅游产生大量的生活垃圾，一些不文明行为导致垃圾随处可见，因此造成了生态环境的破坏。除了旅游业发展给生态环境造成的破坏之外，农业和工业的发展更是产生了严重的破坏。农民种地时各种化学肥料的使用使得土地的承受能力不断下降，农民对周边树木、草地的乱砍滥伐也使得绿色植被的覆盖率降低。工业方面企业对能源资源的不合理利用、单纯追求经济效益等也使生态环境遭到破坏。

第二，优势资源利用率低。云南省地处西南部，高原山地众多，蕴藏着丰富的生物资源和水资源，但在绿色经济的发展过程中，对这些资源的利用率较低。有资料显示："云南是我国水能资源最丰富的省份之一，全省水电资源理论蕴藏量为 1.03 亿千瓦。云南省内水资源广泛分布于六大水系中，其中金沙江、澜沧江和怒江可开发水力资源占全省水能资源的90%。但目前云南省水电资源开发率不足6.3%，远低于全国平均开发程度20%。"①

（三）发展方向

第一，在绿色经济发展中进行产业结构的优化。在绿色产业发展中，对于传统产业要适时进行产业结构的改造，将节能减排、生态建设等技术应用到传统产业中，以此来提高绿色产业的比重，防止传统产业中存在能源消耗严重、资源浪费等现象。

第二，进行与绿色经济相关的技术创新。生态、环保科技的发展和进步，对于绿色经济的发展具有强大的推动作用。据中国电力网报道："'十二五'以来，云南省科技领域创新不断，多项科技成果已达到国际领先水平，特别是在工业废弃物回收利用及节能装备方面创新驱动成果

---

① 陈佳莹：《云南省绿色经济发展状况分析》，《魅力中国》2008 年第 26 期。

极为明显。"例如，"'十二五'期间，云南冶金集团在建成3000吨/年具有国内领先水平的改良西门子法太阳能多晶硅生产线基础上，对相关生产工艺及设备进一步优化创新，成功批量生产出符合国家标准的电子级多晶硅。"① 同时，这也表明环保科技的发展不仅对提高生产效率、发展绿色经济具有重要作用，而且对推动国家范围发展绿色经济、大力加强科技创新也具有重要作用。除此之外，云南传统产业，包括烟草业、建筑业等，这些产业本身带来的经济效益好，但是对环境的破坏性大，进行绿色经济相关科技的创新发展，可以减少这些产业对环境的污染程度，提高资源使用效率，做到可持续发展。

第三，在绿色产业中着重进行绿色产品的发展。云南省作为旅游大省，旅游产品的需求量较大。面对这种情况，发展具有云南特色绿色产品对于经济的发展具有重要的推动作用。并且，现如今人们的消费观念更趋向于进行绿色消费、健康消费。因此，在绿色产品发展中着重发展绿色产品，包括绿色蔬菜、绿色水果、绿色饮用水等，以及绿色建筑，包括绿色旅游景点、绿色休闲会所等，既能推动云南旅游业的发展，也能更好地发展绿色经济。

---

① 《云南："十二五"多项节能环保科技成果国际领先》，中国电力网，2016年3月18日。

第三章
贵州绿色经济发展的实践

第一节　贵州推进绿色经济发展战略的历程

一、贵州推进绿色经济发展战略的背景

1997 年，党的十五大明确提出实施可持续发展战略，标志着我国生态文明建设和绿色发展战略正式开始实施。2003 年，党的十六届三中全会提出科学发展观，后来相继提出走新型工业化道路、发展循环经济，建设资源节约型、环境友好型社会。党的十七大正式提出建设生态文明，节约能源资源，保护生态环境，增强可持续发展能力；坚持生产发展、生活富裕、生态良好的文明发展道路，建设资源节约型、环境友好型社会；实现经济发展与人口资源环境相协调，使人民在良好生态环境中生产生活，实现经济社会永续发展。生态文明观念在全社会牢固树立。

2012 年，党的十八大首次全面论述了生态文明建设，第一次提出"推进绿色发展、循环发展、低碳发展"和"建设美丽中国"的宏伟蓝图。十八届三中、四中全会，党中央分别从体制机制、制度体系、依法治国角度部署和推进生态文明建设，加快生态文明的制度体系和法律体系建设。2014 年，第十二届全国人民代表大会常务委员会第八次会议通过了修订后的《中华人民共和国环境保护法》，外界称之为"史上最严环

保法"，因为该法律不仅加大了对违法企业的处罚力度，而且增加了对政府行政监管部门的问责条款和措施。

2015 年，中共中央、国务院颁布实施《关于加快推进生态文明建设的意见》（以下简称《意见》），是中央关于生态文明建设作出专题部署的第一个纲领性文件。该《意见》完整、系统地提出了我国今后一个时期生态文明建设的指导思想、基本原则、愿景目标、主要任务和保障措施。关于加快推进生态文明建设的基本原则，《意见》明确规定了五个方面的内容：一是坚持把节约优先、保护优先、自然恢复作为基本方针。二是坚持把绿色发展、循环发展、低碳发展作为基本途径。三是坚持把深化改革和创新驱动作为基本动力。四是坚持把培育生态文化作为重要支撑。五是坚持把重点突破和整体推进作为工作方式。《意见》提出了我国生态文明建设的主要目标：到 2020 年，资源节约型和环境友好型社会建设取得重大进展，主体功能区布局基本形成，经济发展质量和效益显著提高，生态文明主流价值观在全社会得到推行，生态文明建设水平与全面建成小康社会目标相适应。

二、顶层设计：从可持续发展到生态立省

自"十五"时期以来，贵州省委省政府一直重视绿色发展。这体现在，从顶层设计上，在最近三个"五年规划"中作了制度上的安排，制定了加强生态建设、发展绿色经济、保护环境的战略规划。这说明贵州省委省政府非常重视绿色经济发展。比如，《贵州省国民经济和社会发展第十个五年计划》提出，"十五"时期贵州省要实施"可持续发展战略"；《贵州省国民经济和社会发展第十一个五年规划纲要》提出，贵州"十一五"时期要大力实施"生态立省"战略，"加强生态环境保护"，"发展循环经济"。《贵州省国民经济和社会发展第十二个五年规划纲要》提出，"必须把建设生态文明、保护青山绿水作为加快转变经济发展方式的重要内容。牢固树立节约资源、保护环境、建设良好生态的可持续发

展理念，大力发展循环经济、绿色经济，加快建设资源节约型、环境友好型社会，走生产发展、生活富裕、生态良好的文明发展之路。"由于从顶层设计上作了安排部署，贵州绿色经济发展思路清晰，目标和任务明确，发展措施得力，建设效果明显。

三、贵州推进绿色经济发展战略的历程

2000 年，贵州省政府工作报告提出，贵州要认真实施可持续发展战略，加大生态环境保护和建设力度，重点抓好 16 个县生态环境综合治理、64 个县天然林保护工程，完成 2000 平方千米水土流失治理和 40 万亩坡耕地还林还草退耕。加强自然保护区和风景名胜区环境保护，依法整顿矿业秩序，合理利用矿产资源。建立土地开发补偿机制，努力实现全省耕地总量动态平衡。贵州"十五"发展规划提出要实施"可持续发展"战略，加强以退耕还林还草为重点的生态建设和环境保护，加强人口控制和资源管理，控制人口过快增长。加强贵州长江、珠江上游生态屏障建设。把生态建设与扶贫开发、调整经济结构结合起来，促进生态效益、经济效益与社会效益相统一。

2005 年贵州省政府工作报告提出"坚持生态立省，加快转变经济增长方式"，扎实推进生态建设，加大环境污染治理力度；大力发展循环经济，牢固树立循环经济理念，并将其作为制定经济社会发展规划的基本原则；依法加强土地和矿产资源保护。特别强调要加强对高耗能行业的调控，按照国家产业政策，严格实施土地、环保、能耗、物耗、质量、安全等市场准入标准，逐步淘汰落后生产能力。在"十一五"发展规划中，贵州省委省政府提出，要紧紧围绕转变经济增长方式，大力实施生态立省和可持续发展战略，加强生态环境保护，努力建设资源节约型和环境友好型社会。推进经济结构调整和经济增长方式转变，大力发展循环经济，积极推进节能降耗，切实保护和合理开发资源，加大环境保护和污染治理力度。坚持环境与发展综合决策，预防为主、综合治理，从

源头防止环境污染和保护生态，坚决改变先污染后治理、边治理边污染的状况，扎实推进生态建设和保护。按照在西部实施石漠化治理工程、在中心城市周围开展森林等生态资源管护、在东部发展速生丰产林基地的要求，继续实施好以退耕还林和封山育林为重点的林业六大工程，抓好重点流域水土保持工作，初步建成"两江"上游重要生态屏障。加快新型工业化建设，把加快发展与全面、协调发展结合起来，坚持节约发展、清洁发展、安全发展，推进可持续发展。

2011 年贵州省政府工作报告提出，贵州在"十二五"期间，对绿色发展的总体要求是："紧扣科学发展的主题，围绕转变经济发展方式的主线……优化发展环境，切实改善民生，积极促进经济社会发展与人口、资源、环境相协调。"政府工作报告提出了生态建设和环境保护的预期发展目标："单位生产总值能耗和二氧化硫、化学需氧量、氮氧化物、氨氮排放量控制在国家下达的指标范围内，森林覆盖率达到 45%。"政府工作报告明确了今后五年发展的主要任务：加强生态环境建设，在增强可持续发展能力上实现重大突破。坚持以生态文明的理念引领现代经济、现代产业和社会发展，把加强资源节约和生态环境保护作为实现可持续发展的重大战略任务，在保护中开发、在开发中保护。转变资源开发利用方式，完善清洁生产机制，发展循环经济，淘汰落后产能，推进重点节能减排工程建设和江河水系污染治理，加快形成节约能源资源、保护生态环境的产业结构、增长方式和消费模式，实现安全发展、清洁发展、可持续发展。实施水利建设生态建设石漠化综合治理规划，推进石漠化治理、退耕还林还草、天然林保护、封山育林和草地湿地恢复保护等重点生态工程建设，加强森林管护，提高森林覆盖率。

在"十二五"发展规划中，贵州省委省政府提出，"必须把建设生态文明、保护青山绿水作为加快转变经济发展方式的重要内容。牢固树立节约资源、保护环境、建设良好生态的可持续发展理念，大力发展循环经济、绿色经济，加快建设资源节约型、环境友好型社会，走生产发展、生活富裕、生态良好的文明发展之路"。"十二五"发展规划明确了今后五年贵州全省生态建设的目标：资源节约、环境保护成效显著；单位生产总值能源消耗和二氧化碳排放降低，主要污染物排放总量减少控制在国家下达的指标范围内；耕地保有量 439.8 万公顷；森林覆盖率达到 45%；森林蓄积量 3.8 亿立方米。值得指出的是，"十二五"发展规划中，贵州省委省政府非常重视"绿色发展"，专门安排了五章九节内容论述生态建设和绿色发展。它们分别是：第三十九章加强生态建设，提出"坚持保护优先和自然恢复为主，从源头上遏止生态环境恶化趋势，大力实施生态修复工程，构筑国土生态安全格局，切实改善生态环境，构建'两江'上游重要生态屏障"；第四十章强化能源和资源节约，指出"坚持开发和节约并举、节约优先的方针，按照有限开发、有序开发、有偿开发的原则，加强对能源、水、土地和矿产资源的保护和管理，全面推进资源的集约节约利用"；第四十一章大力发展循环经济，强调"以提高资源产出效率为目标，按照突出重点、持续实施、分阶段推进、分层次示范和一体化安排的要求，推进生产、流通、消费各环节循环经济发展，壮大循环经济规模"；第四十二章加强环境保护，提出"坚持预防为主、防治结合的方针，在发展中落实保护，在保护中促进发展，着力解决损害群众身体健康的突出环境问题，积极防范环境风险，有效控制污染物排放总量，明显改善重点流域、重点区域和重点城市的环境质量"；第四十三章积极应对气候变化，要求"坚持减缓和适应并重，充分发挥技术进步的作用，加强政策支持，提高应对气候变化能力。积极推进低碳技术的引进和转化，控制工业、建筑、交通和农业等领域温室气体排放。开发能源高效利用技术，大力发展可再生能源，优化能源结构。提高森林蓄积量，增加森林碳汇，增强固碳能力。"

"十三五"发展规划，贵州省委省政府提出："牢固树立和落实绿色发展的理念。深刻认识绿色是永续发展的必要条件和人民对美好生活追求的重要体现，全面落实节约资源和保护环境的基本国策，坚定走生产发展、生活富裕、生态良好的文明发展道路，推进绿色贵州建设，巩固生态环境优势，构筑长江、珠江上游重要生态安全屏障，促进人与自然和谐共生，以生态之美谋赶超之策、造百姓之福。"2016年9月，中共贵州省委十一届七次全会对推动绿色发展、建设生态文明又作出了全面部署，通过《中共贵州省委贵州省人民政府关于推动绿色发展建设生态文明的意见》，提出了"坚持生态优先、绿色发展，坚持绿水青山就是金山银山，坚守发展和生态两条底线"，"大力发展绿色经济、打造绿色家园、完善绿色制度、筑牢绿色屏障、培育绿色文化，促进大生态与大扶贫、大数据、大旅游、大健康等融合发展，着力建设资源节约型、环境友好型社会，努力走出一条速度快、质量高、百姓富、生态美的绿色发展新路"。

第二节　贵州发展绿色经济的必要性和重大意义

一、贵州的省情要求发展绿色经济

贵州简称"黔"或"贵"，位于中国西南地区东部，地势西高东低，自中部向北、东、南三面倾斜。东与湖南省交界，北与四川省和重庆市相连，西与云南省接壤，南与广西壮族自治区毗邻，是一个历史悠久、自然环境独特、气候宜人、多民族聚居的内陆山区省份。贵州境内山峦起伏，绵延纵横，主要山脉有乌蒙山、大娄山、苗岭和武陵山。河流多发源于西部和中部，顺地势向北、东、南三面分流，分属于长江水系和珠江水系，其中，属长江水系的主要河流有乌江、赤水河、清水江，属珠江水系的主要河流有南盘江、北盘江、红水河、都柳江。在全省土地总面积中，山地和丘陵占92.5%，山间小盆地占7.5%。全省喀斯特（亦称"岩溶"）出露面积10.9万平方千米，占全省土地总面积的61.9%，是世界喀斯特地貌发育比较典型的地区之一。

贵州省作为西部地区"欠发达、欠开发"的省份，它的基本省情是：贫困落后是主要矛盾，加快发展是根本任务。贵州自新中国成立以来，尤其是改革开放以来取得了有史以来的巨大成就。但与发达地区相比，还处于相对落后的地位，贵州经济社会发展中还存在诸多困难和问题，特别是经济总量小、人均水平低、发展速度慢、经济质量不高，资源开发利用水平不高、经济发展方式粗放、生态环境脆弱等问题依然突出。据《贵州省情教程》（第5版）数据显示："贵州工业化和城市化水平低，农业基础薄弱、农村贫困人口多，贫困程度深，人民生活水平还不高，全省小康进程大体上落后全国平均8年，落后西部平均4年，是全国贫困问题最突出的省份。2011年，全省生产总值仅为全国生产总值的1.19%，居全国第25位，人均生产总值居全国第31位。""2009年，贵州工业化程度系数为0.8，相当于全国20世纪90年代中期水平，大体落后全国15年左右，城镇化率与全国平均水平相差16.7个百分点，是全国除西藏外城镇化率最低的省份。"到2020年贵州要与全国同步建成小康社会，贵州既要转变发展方式，又要加快发展速度，因此面临既要"赶"又要"转"的双重任务和双重压力。因此，加快发展是贵州的主要任务。

贵州省的自然生态环境十分脆弱也十分重要。地处云贵高原的贵州山地和丘陵面积占国土面积的92.5%，是我国南方重点集体林区之一，"两江"流域面积分别占贵州国土总面积的65.7%和34.3%，是长江、珠江上游重要的生态屏障。同时，贵州61.9%的面积为喀斯特岩溶地貌，是我国石漠化面积最大、程度最深、危害最重的省份，全省88个县（市、区）中有78个不同程度存在石漠化问题，不仅对贵州经济发展和生态保护有直接影响，同时还危及长江、珠江流域的生态安全。

贵州省的基本省情决定了贵州省的发展面临着一对基本矛盾：既要发展经济，减少贫困人口，又要转变发展方式，搞好生态建设和环境保护。这是贵州难题，也是全国难题。贵州省对这一对基本矛盾的破解方法是，通过实施"生态立省"战略，发展循环经济，闯出一条发展绿色经济的新路。

"三十余年前改革开放刚刚启动的时候，经济发展是硬道理；进入21

世纪，科学发展、绿色发展是硬道理。"① 贵州的长远发展，必须同时处理好发展经济与生态保护这两大核心问题，即"守住发展和生态两条底线"，尤其是做好"两江"上游生态安全屏障生态保护，打造"天蓝、地绿、水清"的秀美山川。

二、贵州发展绿色经济的重大意义

当前，我国经济处于增长速度换档期、结构调整阵痛期叠加阶段。西方国家用几百年的时间走过的历程我们只用了几十年就完成了，在经济社会发展取得巨大成就的同时，各种矛盾和问题也开始集中显现。就贵州来说，也是这样。大力发展绿色经济对于"守底线、走新路、奔小康，努力实现贵州经济社会发展的新跨越"具有重大意义。

第一，贵州发展绿色经济是保持全省经济持续健康发展的迫切需要。一直以来，贵州人口多，特别是农村贫困人口多，经济总量小、人均水平低、发展速度慢、经济质量不高、经济发展方式粗放、生态环境脆弱等问题突出。贫困和落后是贵州的主要矛盾，贵州面临既要"赶"又要"转"的双重任务。因此，经济粗放的发展方式难以为继，必须尽快改变传统的"三高一低"即"高消耗、高排放、高污染、低效益"的增长模式，大力发展绿色经济，推动循环发展、低碳发展，努力探索出一条排放低、污染小、效益高、代价小、可持续健康发展的新路子。

第二，发展绿色经济是坚持以人为本的基本要求。绿色经济以"合理消费、低排放、生态资本不断增加为主要特征，以绿色创新为基本途径，以积累绿色财富和增加人类绿色福利为根本目标，以实现人与人之间和谐、人与自然和谐为根本宗旨。"从这个意义上说，"绿色发展观就是科学发展观"。② 坚持以人为本，首先就要关心人民群众的福祉和身心

---

① 胡鞍钢：《中国：创新绿色发展》，中国人民大学出版社 2012 年版，第 177 页。
② 胡鞍钢：《中国：创新绿色发展》，中国人民大学出版社 2012 年版，第 33 页。

健康。马斯洛的需要层次理论认为，人类需要的强度并不都是相等的，人的需要由低到高分为五种类型：（1）生理需要；（2）安全需要；（3）归属和爱的需要；（4）尊重的需要；（5）自我实现的需要。这五种需要层级越来越高，当低层次的需要被合理地满足后，个体才会追求高层次的需要。对人民群众来说，过去发展经济的目的主要是为了解决"温饱"，现在人民群众的要求"升级"了，不仅要吃饱，还要吃好、吃得放心和安全；以前只要求有一个房子住就行了，现在还要求居住的环境优美舒适，能喝上干净的饮用水，能呼吸新鲜的空气，能吃上健康安全放心的食品。现在老百姓都期盼"环保"、"生态"、"绿色"，因此，必须下大力气解决人民群众关心的生态环境问题，不断改善人民群众的生产生活条件，真正坚持以人为本。

第三，发展绿色经济是贵州实现经济社会发展新跨越的必由之路。"绿色发展是一条创新跨越式发展道路"，它能"充分发挥人的主观能动性，国家战略的宏观指导性，自主创新的积极性，企业创新的主体性，全民参与的广泛性，加快转变经济发展方式，改变原有发展路径，隧穿库兹涅兹曲线，提前实现发展与不可再生资源消耗、污染物排放、温室气体排放脱钩，大幅度减少资源、环境、生态成本，进入永续发展、生态盈余的新时代。"[1] 今后一个时期，是全国经济增长的换挡期，也是贵州后发赶超的机遇期。习近平总书记在视察贵州时指出："贵州已进入后发赶超、加快全面小康建设的重要阶段，要求贵州协调推进'四个全面'战略布局，积极适应经济发展新常态，守住发展和生态两条底线，培植后发优势，奋力后发赶超，走出一条有别于东部，不同于西部其他省份发展的新路。"[2] 因此，紧紧围绕"加速发展，加速转型，推动跨越"主基调，大力发展绿色经济，重点实施大扶贫、大数据两大战略行动，做强"大数据、大旅游、大生态"三块长板，补齐"脱贫攻坚、基础设施、

---

① 胡鞍钢：《中国：创新绿色发展》，中国人民大学出版社 2012 年版，第 35 页。
② 汤会琳：《贵州省情教程》，清华大学出版社 2016 年版，第 7 页。

教育医疗卫生事业"三块短板，全面推进经济建设、政治建设、文化建设、社会建设和生态文明建设，努力实现贵州经济社会发展的新跨越。[①]

第三节　第一产业

党的十一届三中全会后，全国实施科教兴农战略，开始发展农业产业化经营，贵州省拉开了农业现代化的序幕。2002 年，党的十六大报告提出"建设现代农业"；2007 年，中共中央、国务院发布《关于积极发展现代农业扎实推进社会主义新农村建设的若干意见》，指出发展现代农业是社会主义新农村建设的首要任务。在中央精神的指导下，贵州加快推进农业现代化进程，大力发展特色农业，积极建设绿色农产品、有机食品基地。

一、农业技术水平不断提高

主要表现是农业使用现代生产工具替代手工劳动和畜力耕作逐步增多，农业能源和生产资料的使用方面也有较大进步。农业机械化的使用，每年农忙季节有数十万台农机具投入作业。贵州农业机械化的主要特点表现为"四个结合"："技术结构上的机械化、半机械化相结合"，"动力结构上的人力、畜力、热机、电动相结合"，"规模结构上小型为主、大中小型相结合"，"装备结构上的农林牧渔全行业与产前产中产后全过程相结合"，全省农业机械化水平得到显著提高。[②] 贵州电气化水平极大提高，有关粮食脱粒、抽水灌溉、温室育秧、食品冷藏、食品烘干、通风照明等工作，都依赖电作为能源，为贵州农业机械化、自动化提供了物

---

① 汤会琳：《贵州省情教程》，清华大学出版社 2016 年版，第 7 页。
② 汤会琳：《贵州省情教程》，清华大学出版社 2016 年版，第 112 页。

质技术基础。农业水利化建设迈上新台阶。经过几十年建设后，贵州水利"已形成以蓄水为主、蓄引提相结合，以小型为主、大中小型相结合，以灌溉为主、灌溉发电供水相结合，以解决工程性缺水为主、防洪减灾、用水保障、水土流失防治和水源保护相结合的水利工程体系"，贵州全省农田水利设施极大改善。①

二、农业生产技术广泛更新

基本农田建设得到加强，标准农田建设成效显著；加强农产品品种改良，加强保持水稻、玉米、油菜、家畜等地方良种的同时，培育、引进和推广优良农作物品种上百个，全省农作物、畜禽良种普及率分别达到90%以上。农业适用技术推广得到加强，以优良品种应用和配套的育苗、栽培、多种间作套作立体农业等技术为主。农业高新技术应用得到加强，已在农业资源区划、良种选育、肥料施用、植物保护、农业气象等方面取得重要进展，农业信息化水平有较大提高。②

三、不断优化农业产业体系，大力推进产业化经营

贵州目前已经形成粮食产业、健康养殖业、特色农业、生物质产业等产业体系。全省以秋粮为主并与夏粮结合，以水稻、玉米、马铃薯为主与小麦、高粱、红薯、豆类等结合，因地因时制宜，全面发展粮食产业。以基地化、规模化、模式化、标准化的方式实施了一系列丰收计划，提高了粮食综合生产能力。健康养殖业以发展生态畜牧业为主，建立了良种繁育体系，建设了猪、牛、羊、禽等优质畜产品基地，开展了无公害畜牧产品产地认证，建立了动物疫病综合防治体系。在发展特色农业

---

① 汤会琳：《贵州省情教程》，清华大学出版社2016年版，第113页。
② 汤会琳：《贵州省情教程》，清华大学出版社2016年版，第113—114页。

方面，建立了一大批优质马铃薯、反季节蔬菜、名优茶叶、药材、干鲜果品、食草畜禽等生产加工基地；发展园艺景观、观光农业、休闲农业、乡村旅游等消费服务。[①]贵州的农业特色产业，经过多年的开发和发展，形成了一批包括茶叶、蔬菜、薯类作物、特色杂粮、水果、中药材、养殖产品等的农业主导产业。

1. 茶叶。贵州产茶叶的县、市、区多达 81 个，其中，都匀、湄潭、余庆、贞丰、晴隆、金沙等县被列为全国重点县，湄潭还被列为全国特色产茶县。在茶叶产业化中，以绿茶为主打产品，以无公害茶、有机茶和生态茶为特色，在 30 多个重点县大力打造黔茶品牌，形成了全国第二大绿茶产地，使贵州绿茶成为在全国叫得响的一个品牌，努力把贵州建成全国茶叶大省和茶叶强省。

2. 蔬菜。以名特优和夏秋反季节蔬菜为主体，以无公害蔬菜、有机蔬菜和绿色食品蔬菜为特色，重点在 40 个县大力发展专业化、规模化、标准化蔬菜生产基地。

3. 薯类作物。围绕产业化发展目标，即"实现脱毒马铃薯播种面积达到 1100 万亩、鲜薯产量达到 1150 万吨的'双千万'目标，打造成全国最大薯类产区、脱毒种薯基地、全国重要的薯类加工基地"，以品种调整、脱毒种薯推广为重点，建设良种加工、销售等体系，发展淀粉、复合薯片、速冻薯条加工制造，建立威宁、水城等 20 多个优质生产基地。[②]

4. 特色杂粮。贵州传统的特色小杂粮有荞麦、芸豆、薏仁米、甘薯等。全省各地都有适宜种植这些杂粮的区域，以优良品种为主，在毕节、六盘水、遵义、黔西南等地重点建立产业化基地。[③]

5. 养殖业。生态养殖业是贵州特色农业中的特色产业，占全省农业产值的比重接近三分之一。贵州生态养殖业坚持稳定生猪养殖，大力发展牛羊、鸡鸭和冷水鱼的养殖，延伸加工、销售等产业链，以生态、绿

---

①　汤会琳：《贵州省情教程》，清华大学出版社 2016 年版，第 113—114 页。

②　汤会琳：《贵州省情教程》，清华大学出版社 2016 年版，第 118 页。

③　汤会琳：《贵州省情教程》，清华大学出版社 2016 年版，第 118 页。

色、安全、优质占领贵州市场，打造贵州生态养殖品牌，进军省外市场。①

6. 中药材。以天麻、杜仲、石斛等品种为重点，贵州在安顺、赤水、遵义等地建立了多个中药材产业化基地，已经形成一定规模。

7. 水果。贵州水果种植除运用现代果树栽培技术，大规模改造传统著名水果外，着力打造和培育新的品牌。加快提升贵阳的阿栗牌杨梅、百宜牌黄金梨、岩山牌樱桃等贵州无公害水果的知名度；大力做强麻江"中国蓝莓产业科技创新十强县"，做大赫章核桃产业园和修文猕猴桃种植基地；结合全省退耕还林、石漠化治理工程的实施，以精品水果为主导，继续发展苹果、桃子、枇杷、猕猴桃、火龙果等种植和经营，有计划地培育贵州火龙果生产基地。

第四节　第二产业

贵州发展绿色经济在第二产业上的实践，主要表现为：坚定不移走新型工业化道路。按照新型工业化要求，坚持以市场为导向和政府宏观调控相结合，坚持可持续发展、节约发展和集聚发展，坚持优化工业发展环境。运用先进适用技术和节能环保技术改造提升煤化工、磷化工、铝工业和冶金工业等传统产业，发展壮大电力、煤炭、冶金、有色、化工、装备制造、烟酒、民族医药和特色食品等支柱产业，加快淘汰落后产能，加快培育发展新材料、电子及新一代信息技术、高端装备制造、生物技术、节能环保、新能源、新能源汽车等新兴产业，不断提高科技进步对贵州经济增长的贡献率。推进优势资源转化，延长产业链，加快建设国家重要能源、资源深加工、装备制造业、特色轻工产业和战略性新兴产业五大基地，着力扩大总量，在扩大总量、增加投资中调整优化

---

① 汤会琳：《贵州省情教程》，清华大学出版社 2016 年版，第 119 页。

结构，转变经济发展方式，实现转型升级，基本形成特色工业经济体系。①

一、加快建设煤炭工业及电力工业

加大能源产业的结构调整力度，加快建设国家重要能源基地。推进煤炭产业规模化、节约化和集团化发展，加大煤矿资源的整合和大矿建设力度，调整完善煤炭工业结构和提升生产力水平，提高煤炭行业集中度，鼓励省内外有实力的大型煤炭企业兼并重组中小煤矿。提高洗精煤产量和煤炭洗选比例，推进清洁用煤、节约用煤和高效用煤。加大规划矿区内后备资源勘探力度，提高勘查深度。推进煤炭资源的综合利用。依托大型煤炭基地，建设一批大型煤电基地，积极发展煤炭深加工、精加工及关联产业。加强煤炭生产安全设施、装备和技术建设，进一步提高安全生产水平。

充分发挥贵州省"水火互济"的优势，坚持扩大省外市场与保证省内用电并重，深入实施"西电东送"和资源就地转化。进一步优化电力结构，优化发展火电，大力发展清洁能源，深度开发水电，积极发展风电、核电和生物质能发电。优化调整电源点布局，进一步加快电源项目和配套煤矿建设，实施一批新建、改扩建和"上大压小"替代容量电源项目、输变电工程，加快推进核电项目前期工作。②

二、加快建设国家重要资源深加工基地

依托能源工业，充分发挥资源组合优势，合理开发利用矿产资源，以煤化工、磷化工、铝工业和冶金工业为重点，按照煤电化、煤电铝、

---

① 《贵州省国民经济和社会发展第十二个五年规划纲要》。
② 《贵州省国民经济和社会发展第十二个五年规划纲要》。

煤电磷、煤电冶一体化发展思路，推进煤电联营、电冶联营，大力发展优势原材料精深加工，延长产业链，加快建成全国重要的铝工业、磷化工、铁合金生产基地和南方重要的煤化工生产基地。

按照大型化、基地化、规模化、多联产的要求，积极改造提升传统煤化工，大力发展新型煤化工，提高醇醚、醋酸、烯烃等新型煤化工产品比重，积极构建结构相对优化、品种比较齐全、产业链较长、有较强竞争力的新型煤化工产业体系，大力实施《贵州省煤化工中长期发展规划》，推进建设一批大型现代煤化工基地和项目，推进煤炭液化工程。加强资源整合和产业升级，有序开发磷矿资源，控制磷系复合肥产能规模，改造提升现有装置及配套能力，推进磷化工产业的精细化、集约化发展，推进黄磷深加工、热法磷酸深加工和湿法磷酸深加工，重点发展高纯黄磷、精细磷制品和精细磷酸盐产品，加快磷矿伴生资源尤其是重稀土矿等贵重资源的开发利用。大力发展氯碱化工。积极发展橡胶加工和锰、钡等其他精细化工，打造全国主要的精细碳酸钡生产和新技术、新产品开发基地。

以淘汰落后、技术改造、企业重组为重点，推动铝工业结构调整和产业优化升级，大力发展铝加工，实现铝产品结构由以初级原料为主向以加工产品为主的转型，建设形成贵阳、遵义两大铝电联营、上下游配套的大型铝工业基地，推动黔东南、六盘水、安顺、铜仁等地发展铝加工。以增强钛矿资源保障为基础，通过科技创新和技术改造，推动钛产业扩大产能、调整结构，完善钛材品种，重点向高质量的钛及钛合金产品和钛带领域扩展。

以调整结构、淘汰落后、优化升级、合理布局、重组发展为重点，加强研发创新，提高产品档次。改造提升钢铁工业，支持六盘水、贵阳等地调整钢材品种结构，延长产业链，推进钢材深加工。调整优化提升铁合金产业，积极引导铁合金企业在资源优势区域的集聚发展和结构升级，发挥锰系、硅系铁合金和工业硅生产优势，推广铁合金精炼技术，生产低碳、低磷、低硫、微碳等精炼铁合金产品。

依托优势资源，加强技术研发和创新，促进传统建材的升级换代和延伸加工，支持新型建材扩大生产规模。加快水泥产业的结构调整，合理布局水泥项目，发展新型干法水泥，推广应用低温余热发电，做强水泥产业。加快各类利用磷石膏、粉煤灰、煤矸石、冶金渣、尾矿砂等大宗工业废渣生产的新型建筑材料的生产和推广运用。支持开发新型节能环保建材和绿色装饰材料，积极发展玻璃深加工产品、天然石材和建筑陶瓷。[①]

三、积极推进特色装备制造业基地建设

充分利用贵州省航空、航天、电子三大军工基地的人才、技术优势和产业基础，积极挖掘省内市场和拓展省外市场，坚持自主创新与技术引进相结合，依托重大项目，提升装备制造业整体水平，发展一批特色鲜明、重点突出的装备制造产业集群和企业集团，重点打造以贵阳为核心区，遵义、安顺、凯里、都匀为配套功能区的黔中特色装备制造业基地。

围绕全省能矿产业发展，支持和加强能矿产业与制造业有机衔接，以装备主机为龙头、以专业化协作配套为基础，大力发展能矿产业装备，增强省内成套设备生产和配套能力。重点建设贵阳、遵义能矿产业装备基地；支持六盘水、毕节、黔西南等地开发电力、化工及矿山机械装备。

依托省内航空工业基础，加大对民用航空产品和实用性航空产品的研发力度，以通用飞机研制和生产为突破口，大力发展航空装备产业。依托省内航天工业基础，大力发展以航天高新技术产品为重点的航天装备产业。

积极引进省外汽车生产优强企业，推动省内汽车及汽车零部件生产企业资源整合和企业重组，以贵阳客车、专用车、新能源汽车生产基地，

---

① 《贵州省国民经济和社会发展第十二个五年规划纲要》。

遵义轻卡、微型面包、特种车等汽车生产基地，毕节载货汽车、农用车生产基地和安顺客车、微型车、特种车生产基地为龙头，以一大批汽车零部件配套生产企业为基础，大力发展汽车及汽车零部件装备。

支持贵阳、遵义、黔南、黔东南等地区相关机电企业技术研发和企业升级，提升省内机电工业水平，积极发展以精密数控装备及功能部件、风力发电装备、电子元器件及电子信息产品、铁路车辆及备件为重点的装备产业。支持思南、赤水、贞丰等地依托内河航运条件和现有工业基础，发展以内河船舶为重点的装备制造产业。①

四、加快重要特色轻工产业基地建设

积极发展以优质烟酒和民族制药、特色食品、旅游商品为主的特色产业发展，大力发展龙头企业，支持中小企业、非公经济发展壮大，积极构建具有贵州省特色和比较优势的轻工产业体系，增强农业的带动和对重工业的支撑作用，加快建设成为全国重要的优质烟草基地、名优白酒基地、中药现代化基地和南方重要的绿色食品加工基地。②

大力实施品牌带动战略，推进烟酒工业结构调整、技术改造、精细制造和市场建设，扩大增量，盘活存量，做大总量。按照集团化、规模化、集约化发展要求，以技术创新为先导，大力调整优化产品结构，进一步提升"贵烟"品质和壮大品牌，推进烤烟生产相对集中布局和规模化、集约化经营，提升烟草行业整体竞争力。充分发挥"国酒茅台"品牌带动作用，加大白酒工业投入，扩大名优白酒在白酒总量中的比例，大力发展年份酒，扩大对高端市场的占有率，整合其他优质白酒品牌，全力打造黔北地区、黔中地区、南部地区三个"贵州白酒"品牌基地和仁怀白酒工业园，提升"贵州白酒"品牌的综合实力和整体竞争力，支

---

① 《贵州省国民经济和社会发展第十二个五年规划纲要》。
② 《贵州省国民经济和社会发展第十二个五年规划纲要》。

持发展啤酒、果酒、保健酒及非粮食原料酒。[①]

立足贵州省生物资源、旅游资源和民族文化资源，结合特色农产品基地和旅游基地建设，大力发展农副产品深加工、林产品加工和具有比较优势的民族医药、特色食品和旅游商品。以推进中药现代化为主线，重点发展民族药，积极发展生物制药和化学制药，发展壮大骨干企业，做强"益佰"、"神奇"、"百灵"、"同济堂"、"信邦"等著名品牌，加快医药工业园区建设，加快流通体系建设，实现医药企业规模化、集群化发展。发挥特色资源优势，依托"老干妈"等骨干企业和品牌产品，加快特色食品工业发展，重点发展辣椒制品、肉制品、马铃薯制品、核桃乳、植物油、调味品和精制茶等特色食品工业，大力建设特色食品加工基地，扩大生产规模、提高产品档次。在有利于生态建设和环境保护的前提下，发挥竹、木资源优势，加快速生丰产原料林基地建设，大力发展纸浆造纸工业。大力开发具有地方资源优势和民族特色的旅游商品，加快建设旅游小商品生产基地，大力发展银器、蜡染蜡画、刺绣、民族服装服饰、民族乐器等系列产品。[②]

五、加快培育战略性新兴产业基地

立足贵州省资源优势和技术基础，把握未来科技和产业发展方向，按照"明确重点、集中突破、开放合作、政府推进、市场主导"的要求，加强科技创新，强化政策支持，加快发展新兴产业和高技术产业。加快发展新材料、电子及新一代信息技术、高端装备制造、生物技术、节能环保、新能源、新能源汽车等新兴产业，重点开发一批优势较大的产品，形成新的经济增长点，推进建设安顺民用航空产业国家高新技术产业基地，贵阳生物医药产业基地和贵阳、遵义新材料产业基地。加大对高技

---

① 《贵州省国民经济和社会发展第十二个五年规划纲要》。
② 《贵州省国民经济和社会发展第十二个五年规划纲要》。

术产业发展的支持力度，推进高技术产业在优势区域的集聚发展，建设一批高技术产业基地。提升各类高技术产业园区、经济技术开发区的产业创新能力和孵化能力。[1]

六、积极发展产业园区

把园区经济作为工业经济发展的重要形式，根据全省工业化战略布局，科学规划、合理布局，新建一批、提升一批、整合一批产业园区（基地）。坚持高起点、高标准和发展循环经济的原则，抓好一批省级重点产业园区建设，加大对县域具有比较优势的特色产业园区建设的支持力度。科学确定产业园区的主导产业和空间布局，培育和引进优强企业作为龙头，形成核心企业、配套企业、生产性服务企业紧密连接、相互支撑的集群发展模式。优先保证重点产业园区用地指标，建立良好的基础设施保障平台、高效的管理服务平台，进行统一的规划环评和总体环评，有效解决企业入驻园区发展的各种前置条件。探索以企业为主体的园区开发机制，广泛吸引外来投资者领办、创办产业园区，推行园区经营性项目的市场化运作、企业化管理。[2]

第五节　第三产业

第三产业主要大力发展以旅游业、文化产业、现代物流、金融为重点的现代服务业，加快把旅游和文化产业培育成为贵州的重要支柱产业。把加快现代服务业发展作为产业结构优化升级的战略重点，坚持市场化、产业化和社会化方向，壮大服务业规模，拓宽服务业领域，优化服务业

---

[1] 《贵州省国民经济和社会发展第十二个五年规划纲要》。
[2] 《贵州省国民经济和社会发展第十二个五年规划纲要》。

结构，扩大服务业对外开放。

一、加快发展现代服务业

围绕提升工业竞争力和提供配套服务，大力发展生产性服务业，适应城乡居民生活需求和消费结构升级趋势，积极发展生活性服务业。

（一）大力发展生产性服务业

一是加快发展现代物流业。依托重要交通枢纽和交通网络节点，以中心城市和工业聚集区为重点，整合资源，优化要素配置，着力构建与工业化相适应的现代物流体系，加快把现代物流业发展成为服务业的新兴支柱产业。重点把贵阳建设成为全国重要的现代物流中心，把遵义、六盘水、毕节等打造成为省域重要物流中心，把兴义、都匀、凯里、铜仁、安顺等发展成为区域性重要物流中心，支持其他有条件的城市和工矿区发展物流中心，加快建设一批综合性和专业性的物流园区和物流基地。推进全国性物流示范城市建设试点。加快培育和引进一批大型现代物流企业。积极发展第三方物流，推进制造业和物流业联动发展。加快发展快递物流。加强物流业新技术开发利用，提高物流企业的技术装备和信息化水平。[1]

二是积极发展金融业。完善经济金融互动发展的协调机制，促进政银企合作。继续推进"引银入黔"工程，积极引进国内大型股份制商业银行和外资银行到贵州省落户；积极吸引国内有实力的非银行金融机构到贵州省发展。加快地方金融机构发展，支持做大做强一批地方商业银行和投资机构，增强地方金融机构竞争力。积极发展农村金融，促进城乡金融业合理布局、协调发展。规范发展多种所有制形式的中小银行以及非银行金融机构。大力发展资本市场，推动更多省内企业上市融资和

---

[1] 《贵州省国民经济和社会发展第十二个五年规划纲要》。

发行债券。积极发展保险业，发挥商业保险在健全社会保障体系中的重要作用。①

三是加快发展科技服务业，重点推进科技孵化业、科技风险投资业、科技咨询业、科技中介服务业发展，加快科技服务平台建设，推进科技成果应用和转化。积极支持会展、广告、法律服务、会计、审计、资产评估、工程咨询等商务服务业发展。

（二）积极发展生活性服务业

一是提升改造商贸服务业，积极发展以连锁经营、特许经营、仓储超市和物流配送为重点的新型商贸流通业态，加快商贸批发和零售市场建设，培育发展商贸聚集区，积极推进农产品批发市场升级改造工程、"万村千乡市场工程"、"农超对接工程"、"双百市场工程"等商贸流通工程，建立和完善城乡商贸服务网络。

二是推进房地产业健康有序发展，引导房地产合理布局，优化商品住宅供应结构，重点发展普通商品住房，控制大户型高档商品房，保障住房供给，稳定房价，促进住房梯次消费。

三是积极发展社区服务业，重点发展就业、社区医疗、社区安保、养老托幼、食品配送、家政、修理等服务，推进社区服务规范化和网络化建设。

四是大力发展社会化养老服务，重点发展健康服务、家庭服务等养老服务，加强老年公寓建设，积极推动老年旅游、文化、体育和娱乐业发展，加快形成老年服务产业体系。积极改造提升住宿、餐饮等服务业，提高服务质量和水平。

五是积极发展服务外包产业和互联网增值服务、手机电视、网络电视、网上购物、远程医疗等服务业新兴业态。②

---

① 《贵州省国民经济和社会发展第十二个五年规划纲要》。
② 《贵州省国民经济和社会发展第十二个五年规划纲要》。

二、加快建设旅游大省

（一）加快建设特色旅游产品体系

按照突出重点、优化结构、打造精品、地域复合、整合线路的原则，着力打造一批特色突出、品位高、市场竞争力强的旅游产品，构建特色旅游产品体系。一是重点打造 4 个特色旅游产品体系：以喀斯特独特景观为代表的自然风光旅游产品体系；以民族文化、红色文化为代表的文化旅游产品体系；以温泉旅游、避暑旅游和休闲度假旅游为代表的生态度假旅游产品体系；以农业观光、休闲娱乐和特色餐饮为代表的乡村旅游产品体系。二是推进重点旅游城镇建设，加快发展一批专业旅游城市、旅游城镇、旅游产业园区，着力完善旅游服务要素，构建特色鲜明、功能较为完善的旅游城镇体系。三是完善省内精品旅游线路，依托快速铁路和高速公路打造跨省精品旅游线路，积极开辟跨国旅游线路。四是加强旅游与文化、体育、农业、工业等产业的结合与互动发展。五是大力发展旅游商品产业，培育旅游商品品牌，提高旅游购物在旅游消费中的比重。

（二）加强旅游发展软硬环境建设

一是优化旅游发展软环境。大力推进旅游业对外开放，创新旅游管理体制，推进旅游企业运行机制改革和景区管理体制改革，探索旅游资源一体化管理。创新投融资机制，多渠道增加旅游发展投入。扶持培育和引进一批旅游优强企业，推动涉旅企业通过上市等方式融资。创新旅游营销方式，加大宣传促销力度，大力开拓国际国内旅游市场，积极开展国际旅游合作。提高旅游服务水平，加强旅游市场监管，健全旅游法规体系。推进旅游行业标准化建设，强化旅游规划管理。加快完善旅游服务体系，重要旅游城市、AAA 以上景区全面建成游客服务中心。积极推进旅游信息化建设，加快建立和完善全省旅游目的地管理系统。

二是加强旅游基础设施建设。加快旅游交通建设，推进交通运输体系向旅游景区延伸，进一步提高旅游景区的可达性，实现重要旅游景区与铁路、高速公路的快速连接。完成重点旅游城市和景区的旅游交通站场及停车场建设或改扩建。拓展城市公交延伸到周边旅游景区景点，积极开辟通往旅游景区的客运专线。加强旅游景区和旅游城镇道路、供电、供水、供气、垃圾污水处理等基础设施建设。加强以星级宾馆为重点的旅游住宿设施建设，积极推进旅游度假酒店、乡村旅馆、营地度假村建设和改造升级，提升旅游住宿接待能力。①

三、加速发展文化产业

加大文化资源开发力度，加快发展民族文化产业和培育新兴文化产业，着力推进文化产业规模化、集约化发展。

（一）加快建设特色文化产业体系

依托旅游渠道和文化消费市场，充分发挥资源优势，推动以民族文化产业为龙头的特色文化产业、传统文化产业、新兴文化产业快速协调发展。突出发展文化旅游业、民族民间演出业、民族民间工艺美术业、会展广告与民族节庆业，壮大提升广播电影电视业、新闻出版业、休闲娱乐业，加快培育扶持网络、新媒体与动漫网游业以及文化艺术创意设计业。注重统筹发展和差异化推进相结合，加快文化资源产业化开发利用步伐，积极推进品牌引领战略，继续做响做强"多彩贵州"品牌，实施"百佳文化品牌"培育工程，推动形成以"多彩贵州"为主的品牌集群。②

---

① 《贵州省国民经济和社会发展第十二个五年规划纲要》。
② 《贵州省国民经济和社会发展第十二个五年规划纲要》。

（二）加快打造骨干文化企业

加大文化资源整合力度，培育一批具有较强竞争力的文化企业和企业集团，提高文化产业集中度和规模化、集约化水平。积极支持贵州省有实力的重点文化企业进行跨区域、跨行业、跨所有制的整合重组，加快做大做强，形成以贵州文化演艺集团、贵州广电集团、贵州出版集团、贵州日报传媒集团、当代贵州期刊集团、贵州网络传播集团为主的集团化发展格局。积极引进省外优强文化企业到贵州省发展，吸引省内外重大战略投资者参与文化项目建设经营。加快培育发展中小型文化企业和民营文化企业。积极培育发展外向型骨干文化企业，推动贵州文化"走出去"，提高对外交流合作水平。①

（三）优化文化产业发展环境

按照创新体制、转化机制、面向市场、增强活力的要求，深化文化体制改革，着力构建充满活力、富有效率、更加开放、有利于文化产业科学发展的体制机制。加强文化产品市场和文化要素市场建设，发展文化行业组织、中介机构和现代流通组织，积极培育和规范以网络为载体的新兴文化市场，加快构建统一开放、公平竞争、规范有序的现代文化市场体系。加强文化市场监管，强化知识产权保护，严厉打击盗版、侵权等非法行为。落实支持文化产业发展的税收、金融、土地等优惠政策。切实加强国有文化资产监管，建立健全文化产业投融资体系和信贷担保机制。推进文化资源优化配置，支持有实力的文化企业上市融资。大力推进科技与文化融合，积极实施"文化科技提升计划"，加快建立健全政府引导、市场为导向、企业为主体、产学研相结合的特色文化创新体系，不断提升文化产业核心竞争力。②

---

① 《贵州省国民经济和社会发展第十二个五年规划纲要》。
② 《贵州省国民经济和社会发展第十二个五年规划纲要》。

第六节　节能减排

节能减排是发展绿色经济的内在要求。目前贵州省节能减排的目标已经锁定，措施更加得力，责任更加明确，综合运用经济、法律和必要的行政手段，下大力气抓好节能减排这一艰巨任务。

一、大力节约能源

大力节约能源，确保全省单位生产总值能源消耗降低达到国家要求。提高能源利用效率，控制低水平高耗能企业发展。突出抓好钢铁、有色、电力、化工、建材、煤炭、交通运输等重点耗能行业和重点耗能企业的节能管理，加强电力需求侧管理和节能发电调度。发展绿色建筑，强化建筑、交通运输和公共机构等领域的节能技改和节能减排。大力实施重点节能改造工程，推广普及先进节能技术和产品，加快推行合同能源管理，促进节能服务产业发展。确保全面完成二氧化硫、氮氧化物、化学需氧量、氨氮四项主要污染物排放量削减目标任务。严格实施新建项目节能评估和审查制度，提高环境准入门槛，严格控制高污染、高能耗和低效益重复建设项目，从源头上减少污染排放。建立高污染企业退出机制，对"高污染、高能耗、高排放、低效益"，没有发展潜力的企业，实施限期淘汰，腾出环境容量。

完善能效标准和节约产品认证制度。落实能源节约经济政策，健全节能减排法律法规和标准体系。加强节能减排监察监测能力建设，建立完善节能统计、监测制度，强化目标责任考核，严格节能执法监察。全面实行政府优先和强制采购节能产品制度，普及节能知识，加强消费引导，广泛开展创建节约型社会、节约型城市、节约型企业等活动，实施全民节能行动方案。①

二、加强节约土地、水、矿产资源

落实保护耕地基本国策，统筹土地资源的保护和合理利用，保障工业化、城镇化用地需求；加强土地用途管理，严格建设项目用地标准，努力盘活存量，合理使用增量，大力提高土地资源利用效率。

建立流域与区域管理相结合的水资源管理体制，全面推行用水总量控制，严格执行取水许可制度；推进农业节水灌溉，发展旱作节水农业，积极推进节水示范县建设，全省农田灌溉水有效利用系数力争提高到0.52；推进高耗水行业节水技术改造及矿井水资源利用，提高工业用水重复利用率；推进节水型城市建设，力争9个市（州、地）中心城市和4个县级市达到节水型社会评价指标要求。

强化矿产资源勘查、开发的统一规划和管理，健全完善矿产资源勘查市场准入机制和矿业权管理制度，加快建立重要矿产资源储备制度；健全矿产资源有偿占用制度和矿山环境恢复补偿机制；加快推进矿产资源开发整合，有效提高大中型矿山比重；支持和引导矿山企业提高开采回采率、选矿回收率以及共伴生矿和尾矿综合利用率。②

第七节　加强生态建设

贵州是"两江"上游重要生态安全屏障，生态环境特别敏感。为此，贵州大力实施生态修复工程，构筑国土生态安全格局，切实改善生态环境，森林覆盖率达到50%以上，增加森林碳汇，筑牢"两江"上游生态

---

① 《贵州省国民经济和社会发展第十二个五年规划纲要》。
② 《贵州省国民经济和社会发展第十二个五年规划纲要》。

安全屏障。

一、构建生态安全格局

以乌蒙山—苗岭、大娄山—梵净山山体（"两屏"）、乌江、赤水河及綦江、沅江、都柳江、南北盘江及红水河水系（"五带"）为框架，实施生态保护分区控制。在自然保护区、世界自然遗产地、风景名胜区、森林公园、地质公园、重要水源地保护区等禁止开发区域，在天然林保护区、重要水源涵养区、石漠化地区、水土流失地区等限制开发区域，建立重点生态功能保护区。构建以"两屏五带"为骨架、以重点生态功能区为支撑的生态安全战略格局。①

二、加强重要生态功能区的建设和保护

按照先急后缓、分期实施、重点突破的原则，全面推进石漠化综合治理，大力实施78个县石漠化综合治理工程，着力打造国家级石漠化综合治理示范区。加强水土流失小流域综合治理，增强区域水土保持能力。推进实施退耕还林、天然林资源保护、珠江等防护林、速生丰产林等工程建设，提高森林覆盖率。加强森林经营，提高森林质量和生态功能。加强湿地保护区保护恢复，维护或重建湿地生态系统。建立和完善生态效益补偿机制，推进实施公益林生态效益补偿项目。大力发展林业绿色产业，增强林业可持续发展能力。加强自然保护区规划建设和管理，推进种质资源库建设，加强对生物多样性的保护。加强城市公共绿地、环城林带建设，加快沿公路、铁道的绿化带建设，推进城乡绿化一体化，形成网络化的区域生态廊道。②

① 《贵州省国民经济和社会发展第十二个五年规划纲要》。
② 《贵州省国民经济和社会发展第十二个五年规划纲要》。

第八节　大力发展循环经济

发展循环经济是发展绿色经济的必由之路。以提高资源产出效率为目标，按照突出重点、持续实施、分阶段推进、分层次示范和一体化安排的要求，推进生产、流通、消费各环节循环经济发展，壮大循环经济规模。

一、大力推进循环型生产方式

加快推行清洁生产，从源头上减少废弃物的产生和排放。大力推进粉煤灰、磷石膏、煤矸石、黄磷尾气和炉渣等大宗工业固体废物和建筑、道路废物以及农林废物资源化利用，工业固体废物综合利用率达到60%以上。按照循环经济要求规划、建设和改造各类产业园区，实现土地集约利用、废物交换利用、能量梯级利用、废水循环利用和污染集中处理。按照"煤—电—化—建材"、"煤—磷—电—化—建材"、"煤—电—冶金—建材"一体化产业循环模式，推进产业链接技术的开发运用，加快建设一批省级铝工业、磷化工、煤化工、钢铁、建材等循环经济工业园区和示范企业。推进循环农业示范县和循环农业科技示范园区建设。积极发展循环型服务业，继续抓好国家级循环经济试点单位（城市）建设，积极支持六盘水市建设国家级循环经济示范城市。①

二、建立资源循环利用回收体系

建立完善再生资源回收体系，加快城市社区和乡村回收网络建设，

---

① 《贵州省国民经济和社会发展第十二个五年规划纲要》。

推进再生资源规模化利用。以再生金属、废旧轮胎、废旧家电、电子产品回收利用为重点，加快完善再制造旧件物流回收体系，优化布局，壮大规模，积极发展再制造业。建立健全垃圾分类回收、密闭运输、集中处理体系，推进餐厨废弃物等垃圾资源化利用和无害化处理。[①]

三、建立循环经济促进机制

综合运用投资、产业、价格、财税和金融等政策措施，建立面向市场，有利于发展循环经济的政策支持体系。加快发展循环经济的地方法规体系建设，建立和完善循环经济技术研发和咨询服务体系。编制和实施循环经济发展规划，引导中心城市、重点开发区、重点产业园区、重化工业集中地区，按照发展循环经济的要求集聚发展。倡导文明、节约、绿色消费理念，逐步培育形成绿色生活方式和消费模式。[②]

第九节　加强环境保护，应对气候变化

坚持预防为主、防治结合的方针，在发展中落实保护，在保护中促进发展，着力解决损害群众身体健康的突出环境问题，积极防范环境风险，有效控制污染物排放总量，明显改善重点流域、重点区域和重点城市的环境质量。积极应对气候变化。

一、加强水、大气环境保护和危险废物防治

实行严格的城镇集中式饮用水源地保护制度，继续加强红枫湖、百

---

① 《贵州省国民经济和社会发展第十二个五年规划纲要》。
② 《贵州省国民经济和社会发展第十二个五年规划纲要》。

花湖、万峰湖等重点湖（库）环境保护。继续推进三岔河、乌江、赤水河、清水江、都柳江和南北盘江流域水环境综合整治。加强汇水区工业污染源有毒有害物质的管理与控制，避免跨界污染。强化城镇污水处理设施营运监管，确保已建成投运的污水处理厂正常稳定运行。积极开展地下水污染防治。

加强重点行业污染控制和区域大气污染防治。大力推进火电、钢铁、有色、水泥等重点行业脱硫设施建设和技术改造。开展火电机组脱氮设施建设。加强氮氧化物污染防治，开展挥发性有机物及有毒有害物质控制，推进多污染综合控制。加强城市颗粒物、机动车尾气排放、噪声等的污染治理。

加强危险废物和医疗废物污染防治，建立危险废物管理考核制度。建成并投运全省危险废物集中处置中心和九个市（州、地）医疗废物集中处置设施，中心城市医疗废物无害化处置率达到90%，逐步实现全省范围内的医疗废物无害化处置。加强农村环境保护，积极推进土壤污染防治和农业面源污染治理。[①]

二、强化环境保护机制

健全考核评估制度，严格落实环保目标责任制，强化政府环境管理职责。严格执行环境影响评价制度，推进规划环评实施。严格排放标准，全面推进排污许可证制度。坚持谁污染谁治理原则，建立和完善企业环保自我约束机制。加强环境管理能力建设，完善监管体系，强化执法监督，健全重大环境事件和污染事故责任追究制度。建立社会化、多元化环保投融资机制，运用经济手段加快污染治理市场化进程。深入开展环保宣传教育，动员全社会积极参与环境保护。推进贵阳市国家级环境保护模范城

---

① 《贵州省国民经济和社会发展第十二个五年规划纲要》。

市建设，积极创建国家级和省级生态市（地、州）、县、乡（镇）、村。①

三、积极应对气候变化

坚持减缓和适应并重，充分发挥技术进步的作用，加强政策支持，提高应对气候变化能力。积极推进低碳技术的引进和转化，控制工业、建筑、交通和农业等领域温室气体排放。开发能源高效利用技术，大力发展可再生能源，优化能源结构。提高森林蓄积量，增加森林碳汇，增强固碳能力。推进贵阳市国家级低碳城市试点，开展适应气候变化重点示范区建设。逐步建立和完善温室气体排放统计监测和考核体系，开展区域气候变化影响综合评估。加强极端气候事件监测预警，建立防灾减灾和应急系统，加强国际国内合作，增强适应气候变化能力。加强应对气候变化知识普及，提高公众气候变化意识。

① 《贵州省国民经济和社会发展第十二个五年规划纲要》。

第四章

贵州绿色经济发展绩效分析（一）
——从理念到行动

第一节　绿色经济：由理念变为行动

在贵州，绿色经济不是简单地作为一种管理环境的手段，而是上升为协调经济发展与节约资源、保护环境关系的一种制度安排，是发展贵州经济的一种重要模式。发展绿色经济已由最初的理念变为全社会的共同行动。

一、绿色经济上升为战略规划

贵州省委省政府重视发展绿色经济可以追溯到"九五"末期。从制定第十个五年发展规划开始，贵州省委省政府就对加强生态建设、发展绿色经济、保护环境从"顶层设计"上作了制度安排，制定了战略规划。《贵州省国民经济和社会发展第十个五年计划》提出，贵州省要在"十五"时期实施"可持续发展战略"；《贵州省国民经济和社会发展第十一个五年规划纲要》提出，贵州要实施"生态立省"战略，强调大力"加强生态环境保护"、"发展循环经济"；《贵州省国民经济和社会发展第十二个五年规划纲要》提出，"大力发展循环经济、绿色经济，加快建设资源节约型、环境友好型社会，走生产发展、生活富裕、生态良好的文明发展之路。"绿色经济由最初的发展理念列入发展规划，变为指导贵州全省经济社会发展的行动纲领。

二、发展绿色经济的法制保障

贵州省十分重视对发展绿色经济的法制建设，针对各地的不同情况，制定出台了若干符合各地方特色的条例和规章。截至2015年3月，贵州省共制定涉及环境保护和生态建设的省级地方性法规56件，约占制定地方性法规总数的20%，其中现行有效的36件；贵阳市共制定涉及环境保护和生态建设的地方性法规27件，现行有效的20件；各自治地方共制定涉及环境保护和生态建设的单行条例38件，现行有效的32件。① 这些条例、规章都为贵州省绿色经济发展发挥了极大的保障作用。

一是关于环境保护的立法。关于环境保护立法，主要分为以下两个方面：第一，保护环境的基本法，即《贵州省环境保护条例》。第二，环境保护的专项法。专项法是针对特定的污染或者特定的环境保护问题而制定的，对贵州的林地、湖泊、水域、矿产、农田、地质、风景名胜区等环境保护具有保障作用。如《贵州省林地管理条例》、《贵州省矿产资源条例》、《贵州省基本农田保护条例修正案》、《贵州省地质环境管理条例》、《贵州省风景名胜区条例》、《贵州省水路交通管理条例》、《贵州省城市公共交通管理条例》、《贵州省夜郎湖水资源环境保护条例》、《贵州省红枫湖百花湖水资源环境保护条例》、《贵阳市环境噪声污染防治规定》、《贵阳市水污染防治规定》、《贵阳市大气污染防治办法》等。

二是关于循环经济的立法。贵州省已经制定了一些与循环经济有关的法律法规。如《贵阳市建设循环经济生态城市条例》、《贵州省生活饮用水卫生监督管理条例》等，这些法律法规为促进循环经济发展奠定了法制基础。

---

① 相关数据来自多彩贵州网，2015年6月12日。

三是关于生态建设的立法，制定了《贵州省生态文明建设促进条例》、《贵阳市建设生态文明城市条例》等。除此之外，在其他地方性法规、单行条例中，也规定了涉及环境保护和生态建设的相关内容，各自治地方自治条例对于环境资源保护也作了相应规定。

四是政府制定的关于环境保护的政府规章。在规范、统一贵州省各级政府环境保护行为方面起到了重大的促进作用。这些政府规章包括《贵州省人民政府关于贯彻国务院加强节能工作决定的意见（黔府发［2006］32号）》、《贵州省人民政府关于落实科学发展观加强环境保护的决定（黔府发［2006］37号）》、《贵州省人民政府关于加快推进节约用水和水价改革促进水资源可持续利用的意见（黔府发［2006］39号）》、《贵州省人民政府关于促进循环经济发展的若干意见（黔府发［2007］24号）》、《贵州省人民政府关于印发节能减排综合性工作方案的通知（黔府发［2007］25号）》、《贵州省人民政府关于促进贵州茅台酒厂集团公司又好又快发展的指导意见（黔府发［2007］37号）》、《贵州省人民政府关于进一步做好 2008 年节能工作的意见（黔府发［2008］1号）》等。[①]

三、设立节能减排专项资金

为了保障绿色经济的发展，贵州省财政部门设立了节能减排和循环经济、生态建设专项资金，专门资助开展节能减排、园区循环化改造、企业绿色发展、废弃物资再利用等，为绿色经济发展提供了资金支持。近 5 年来，贵州仅在环保设施建设上的投入就超过 500 亿元。

---

①　谢勇：《贵州省循环经济法治化问题研究》，《贵州民族学院 2011 届硕士研究生学位论文》，第 19 页。

四、创新发展绿色经济相关体制机制

为了大力发展绿色经济，贵州省在绩效考核评价制度、自然资源资产领导干部离任审计制度、生态损害责任终身追究制度等方面进行了积极探索，创新了相关体制机制。一是出台领导绩效考核评价办法。为使领导干部牢固树立正确的政绩观，坚决守住发展和生态两条底线，贵州省出台了《贵州省市（州）党政领导班子工作实绩考核评价办法》，增加了体现生态文明建设的指标和权重，将生态文明建设作为党政工作实绩考核的六大方面之一纳入考核指标体系，生态文明建设占党政绩效考核的比重达到14%。同时，还修订完善了《贵州省市县经济发展综合测评办法》，对考核评价指标体系中经济发展方面的部分指标分别设置了权重，增加了"现代高效农业推进、旅游产业发展、生态环境保护"等考核指标。二是试点领导干部离任责任审计，开展自然资源资产审计，评价自然资源资产管理效益，探索自然资源资产责任考核评价体系。三是建立生态环境损害责任终身追究制，制定颁布了《贵州省生态环境损害领导干部责任追究办法（试行）》，对责任追究对象、情形、运用、程序等进行了细化明确。探索建立生态环境损害责任终身追究制，是促进各级各部门领导干部依法履行生态环境保护工作职责，切实做到依法行政、恪尽职守、全面保障生态环境安全的重要抓手。

五、生态文明建设从试点到普遍推广

从2009年开始，贵州以贵阳市作为全国第二批生态文明建设试点城市，在生态文明建设、发展绿色经济、环境保护方面先行先试，已经取得一定成功经验。特别是在推动绿色经济发展方面，在试点示范基础上，形成了规划指导、政策支持、法规规范、工程支撑、技术进步、传播推广等工作思路，推动绿色经济在各层面和生产、流通、消费各环节的发展。发展绿色经济不仅成为贵州全省的共识，而且逐渐成为全省的共同行动。

第二节 资源、能源和环境效益明显

一、贵州经济绿色化程度不断提高

三次产业结构不断演进和趋向合理，是经济绿色化程度不断提高的过程。所谓三次产业结构，是指："一定社会形态下社会再生产过程中的第一产业、第二产业和第三产业之间的相互联系、相互制约的结构关系和比例关系。""三次产业结构的调整、合理化和优化，就是要在经济发展过程中，充分发展第二产业、服务业特别是第二产业中的工业，逐步降低第一产业的比例，提高第三产业的比例，保持第二产业比例由高调整到适中。"①

贵州全省第一、第二、第三产业的增加值占生产总值的比重随着时间的演进和经济变迁而不断演进：

1949 年：第一、第二、第三产业增加值在贵州地区生产总值中的比重为 83.0∶12.5∶4.5。三次产业按比重大小排序，依次为一、二、三，其中，第一产业占绝对优势，第二产业比较薄弱，第三产业最落后。

1992 年：三次产业排序为二、一、三，三次产业比重演变为 35.9∶35.7∶28.4，第二产业发展快速，超过第一产业，第三产业发展比较快，缩小了与第一、第二产业的差距。

1998 年：三次产业排序发生了实质性变化，演变成二、三、一，相应比例为 37.2∶31.9∶30.9，第三产业第一次超过第一产业。

---

① 汤会琳：《贵州省情教程》，清华大学出版社 2016 年版，第 105 页。

2000 年：三次产业排序为二、三、一，相应比例为38.0：35.7：26.3。

2005 年：三次产业排序为二、三、一，相应比例为40.9：40.7：18.4。

2006 年：三次产业结构继续演变为三、二、一，相应比例为42.3：41.4：16.3，第三产业第一次超过第二产业所占比重，产业结构发生了根本性变化。

2010 年：三次产业结构演变为三、二、一，生产总值比例分别为47.1：39.2：13.7。

2015 年：三次产业结构仍然保持在三、二、一，相应比例为44.9：39.5：15.6。

分析上述三次产业结构的演变过程，从 2006 年开始变为三、二、一的格局。2015 年三次产业结构仍然是维持三、二、一的格局，尽管表面上看结构相似，"但实质已经发生了较大变化，这是在工业化基础之上的产业结构，是一个历史性的变化"；"贵州三次产业结构的演进历史，就是产业结构的优化和升级的过程，是实现资源的合理配置和经济持续发展的一个重要表现，是经济结构趋于合理的一个重要标志"，[①] 也是贵州经济绿色化程度不断提高的过程。

二、资源能源效率提高、结构优化

"十一五"以来，全省按照节水型社会建设要求，不断完善工业、农业、城市节水体系，积极开展节水型社会建设试点。2010 年，贵州万元地区生产总值用水量为 219 立方米，比 2005 年的 477 立方米降低 54%；万元工业增加值用水量为 233 立方米，比 2005 年的 442 立方米降低47%，完成"十一五"降低 30% 的目标。2015 年，贵州工业重复用水率95.0%，比上年提高 0.8 个百分点。2015 年万元地区生产总值能耗比上年下降 7.46%；2011 年万元地区生产总值能耗比上年下降 3.51%；而

---

① 汤会琳：《贵州省情教程》，清华大学出版社 2016 年版，第 105 页。

"十五"后三年贵州省单位地区生产总值能耗上升 5.2%。2015 年万元工业增加值能耗比上年降低 10.84%；2011 年万元工业增加值能耗比上年降低 8.02%。2015 年万元地区生产总值电耗比上年降低 9.66%；2011 年万元地区生产总值电耗比上年降低 1.70%。[①]

"十二五"期间，贵州省大力发展非化石能源，油气替代煤炭，非化石能源替代化石能源取得突破性进展，能源结构明显优化，清洁能源发电装机占比超过全国平均水平近 15 个百分点。加快发展新能源和可再生能源，风能、农林生物质发电、垃圾发电、光伏发电等新能源实现从无到有的突破性发展，发电装机达 375.35 万千瓦，占全省电力装机的 7.3%。截至 2015 年底，新能源和水力发电等可再生能源发电总装机 2423.35 万千瓦，占全省电力装机的 47.5%。开发煤层气、页岩气等非常规天然气取得突破。仅 2015 年，全年煤层气（煤矿瓦斯）抽采利用量就达 7 亿立方米，同比增长 27%。

三、主要污染物总量减排稳步推进

2003—2005 年，贵州省化学需氧量和二氧化硫排放总量分别上升 2.41% 和 2.65%。经过全省上下共同努力，坚持可持续发展战略，"十一五"时期全省单位地区生产总值能耗由 2.813 吨标准煤/万元下降到 2.248 吨标准煤/万元，下降 20.06%，化学需氧量排放总量由 22.6 万吨下降到 20.78 万吨，二氧化硫排放总量由 135.8 万吨下降到 114.89 万吨，分别下降 7.89% 和 15.39%。2011 年，全年化学需氧量、二氧化硫排放量分别为 20.67 万吨和 114.31 万吨，均比上年下降 0.5%。"十二五"期间，全省二氧化硫、氮氧化物、化学需氧量、氨氮四项主要污染物排放量分别减少 22.77 万吨、4.91 万吨、2.3 万吨、0.3 万吨，提前完成国家下达的节能减排任务。

---

① 《2015 年贵州省国民经济和社会发展统计公报》，中国政府网，2016 年 3 月 23 日。

四、生态系统修复能力逐步提高

以退耕还林为重点的生态建设取得明显成效。2004 年完成营造林任务 431 万亩，其中退耕还林和荒山造林 280 万亩，森林覆盖率提高 1 个百分点。以退耕还林为重点的生态建设取得明显成效，2001—2005 年，累计完成营造林 3750 万亩以上，森林覆盖率年均提高 1 个百分点左右，建成农村沼气池 64 万口，生态环境局部恶化的趋势得到有效遏制。切实加强生态建设和环境保护，2015 年完成营造林 420 万亩，治理石漠化 1083 平方千米、水土流失 2300 平方千米，森林覆盖率提高 1 个百分点。9 个市（州）中心城市集中式饮用水源水质达标率均为 100%，空气质量指数优良率均高于 90%，县级以上城市空气质量达到优良的天数超过 95%。2015 年末全省已获批准省级生态文明建设示范区 628 个，比上年末增长 66.1%。自然保护区 123 个，其中，国家级自然保护区 9 个，自然保护区面积占全省面积的 5.6%。[1]"十二五"期间，《贵州省生态文明先行示范区建设实施方案》获得国家批准，贵州省强力实施绿色贵州建设三年行动计划，完成营造林 2161 万亩，治理石漠化土地面积 8270 平方千米、水土流失 1.1 万平方千米。森林覆盖率超过 50%，施秉喀斯特列入世界自然遗产名录。[2]

五、资源综合利用水平进一步提高

一是资源综合利用技术取得较大突破，在磷石膏制耐水墙材、磷肥生产中对伴生氟、碘回收、烟气资源化脱硫等综合利用技术开发应用方面取得重大进展。二是工业废弃物资源化利用取得明显成效。贵州省组

---

① 《2015 年贵州省国民经济和社会发展统计公报》，中国政府网，2016 年 3 月 23 日。

② 汤会琳：《贵州省情教程》，清华大学出版社 2016 年版，第 73 页。

织实施了一批具有规模效应、技术装备水平较高的资源综合利用示范工程，取得明显成效。大力发展节能利废的新型墙材，建成粉煤灰、磷渣微粉加气混凝土砌块生产线 18 条，粉煤灰、磷石膏、磷渣等蒸压蒸养混凝土砖、砌块等生产线 200 余条，形成年产 360 万立方米砌块（折合 100 亿块标砖）的生产能力。到"十一五"末期，全省工业固体废弃物产生量 8187 万吨，综合利用量达 4174 万吨，综合利用率为 50.9%，比 2005 年提高 16.8 个百分点。2013 年，全省工业固体废弃物产生量 8194 万吨，综合利用量达 4135 万吨，综合利用率为 50.4%。资源综合利用规模不断扩大，利用水平明显提升。三是煤矸石发电等资源综合利用项目陆续建成投产，以开磷集团年产 10 亿块磷石膏砖为代表的磷石膏综合利用项目建成运行。①四是积极利用黄磷尾气和燃煤锅炉烟气制甲酸、硫酸等化工产品，并利用瓦斯发电，到 2010 年，年利用各种工业废气约 10 亿立方米。同时，再生资源回收体系建设取得积极进展。贵阳市作为全国第一批再生资源回收体系建设试点城市，已通过验收，成为全国少数获得国家阶段性验收试点城市之一。遵义市作为全国第二批再生资源回收体系建设试点城市，目前正按实施方案开展工作。② 五是节能技术水平进一步提高。"十一五"期间，贵州积极组织实施节能重点工程。一方面争取国家近 5 亿元资金支持，实施了 71 个节能改造重点项目，同时安排省节能专项资金支持中小企业节能改造，形成节能能力 200 多万吨标准煤；另一方面积极推广实施绿色照明工程，共推广节能灯1284 万只，每年可实现节电 7.78 亿千瓦时，折合标准煤约 27.2 万吨，减排二氧化碳约71 万吨。通过重点工程的实施，引进和推广了水泥纯低温余热发电、高炉炉顶余压发电、变频调速、汽轮机通流部分改造、余热锅炉、循环流化床锅炉、高效照明产品等一批重点节能技术和产品，能源利用效率

---

① 陈桂萍等：《贵州"十二五"期间大宗工业固体废物资源综合利用现状分析》，《砖瓦》2015 年第 5 期。
② 《贵州省"十二五"发展循环经济和节能减排专项规划》，中西部投资网，2013 年 5 月 30 日。

进一步提高。①

第三节　循环经济取得明显成效

一、循环经济由试点上升为全省发展战略

2005 年贵州开始循环经济试点工作。2005 年贵州省《政府工作报告》提出，"大力发展循环经济。牢固树立循环经济理念，并将其作为制定经济社会发展规划的基本原则"。"大力推广节能新技术、新工艺和先进经验，加强对钢铁、有色、电力、煤炭、化工、建材等重点行业的能源、原材料和水等资源消耗的管理，加快建立资源节约型社会。认真落实国家关于资源综合利用的各项优惠政策，抓好大宗工业废弃物、煤层气、煤矸石、共伴生矿和尾矿渣综合利用的关键技术开发和引进，鼓励对粉煤灰、黄磷渣、磷石膏、硫石膏等大宗工业废弃物进行规模化综合利用"。《贵州省国民经济和社会发展第十一个五年规划纲要》提出发展循环经济，按照"减量化、再利用、资源化"的原则，"推进资源节约、综合利用和清洁发展，逐步形成低投入、低消耗、低排放和高效率的节约型增长方式"。"积极支持贵阳市开展循环经济试点工作"。"重点抓好煤化工、磷化工、铝工业等行业的循环经济生态工业试点，着力建设贵阳和遵义铝工业、开阳磷煤化工、瓮福磷化工、六盘水煤焦化工和赤天化等循环经济型生态工业基地"。《贵州省国民经济和社会发展第十二个五年规划纲要》提出："大力发展循环经济"，"以提高资源产出效率为目标，按照突出重点、持续实施、分阶段推进、分层次示范和一体化安

---

① 《贵州省"十二五"发展循环经济和节能减排专项规划》，中西部投资网，2013 年 5 月 30 日。

排的要求，推进生产、流通、消费各环节循环经济发展，壮大循环经济规模"。《贵州省国民经济和社会发展第十三个五年规划纲要》提出，"全面推行循环低碳发展模式"。"推进能源革命，加快能源技术创新，优化能源结构，建设清洁低碳、安全高效的现代能源体系"。"加快天然气、煤层气、页岩气、太阳能、地热能、风能等开发利用，争取国家支持核电项目开发"。"实施循环发展引领计划，推进企业循环式生产、产业循环式组合、园区循环式改造，减少单位产出物质消耗"。"全面节约和高效利用资源。坚持节约优先，树立节约集约循环利用的资源观"。作为发展绿色经济的必由之路，循环经济在贵州由试点上升为全省经济发展战略，全面引领经济的持续健康发展。

二、循环经济取得初步成效

（一）循环经济试点工作初见成效

从 2005 年开始，贵州省贵阳市、六盘水市两个城市，贵州瓮福（集团）有限责任公司、贵州开磷（集团）有限责任公司、贵州赤天化纸业股份有限公司、贵州茅台酒厂有限责任公司 4 家企业被批准为国家循环经济试点单位。自开展循环经济试点以来，国家发改委共安排贵州省 4 家试点企业和两个试点城市资金共 5.9 亿多元，贵州省也安排了部分配套资金资助循环经济试点项目。在试点城市、试点企业以及一批大型国有企业的带动下，全省各地州市发展循环经济的积极性空前高涨，全省目前规划建设的 20 多个循环经济基地项目，已有 12 个开工建设。"经过五年的实践，各试点单位（城市）通过大力开展资源综合利用工作，加强产业链延伸和耦合，提高了资源综合利用率，同时在清洁生产、污染治理、环境保护和节能减排等方面取得了初步成效，并探索出了各具特色的新型工业化道路，为全省进一步扩大试点工作打下了较好的基础"。

（二）循环经济规模不断壮大

贵州经过 5 年循环经济试点，在取得了一些成功经验和成效的基础上，循环经济建设进入全面实施阶段。2010 年贵州省已将煤及煤化工、磷及磷化工、铝及铝加工、电力、建材等重化工企业和优势产业列为循环经济发展重点，加快推进全省循环经济基地或园区建设。贵阳市开阳磷煤化工循环经济工业基地、桐梓煤化工循环经济工业基地等一批循环经济基地项目建设进展顺利并取得成效。

（三）稳步推进农业循环经济

"十一五"期间，贵州省一方面以建立沼气为重点，大力加强农村能源建设，农业废弃物的利用率得到大幅度提高，改变和优化了农村用能方式，促进农业增效、农民增收。另一方面，大力实施农作物秸秆还田工程，提高了有机资源利用水平，全省秸秆还田试验示范面积达859.5 万亩；旱作节水农业示范基地建设取得积极进展。

（四）清洁生产审核工作取得积极进展

以省级清洁生产试点企业和项目为载体，组织实施了燃煤锅炉改造、废物分类循环利用、热能综合利用、水综合利用、空调改造等方面的清洁生产项目 20 余个。全面开展了强制性清洁生产审核工作。2006 年至2010 年共计对全省 105 家企业下达了强制性清洁生产审核任务，涉及化工、医药、轻工、电力、重金属等行业，对通过审核的企业及时下达了中/高费方案的工作任务，使企业强制性清洁生产审核工作持续开展，实现了污染治理由末端治理向污染预防转变。[①]

---

① 《贵州省"十二五"发展循环经济和节能减排专项规划》，中西部投资网，2013 年 5 月30 日。

第五章

贵州绿色经济发展绩效分析(二)
——新型工业化之路

《中共贵州省委关于制定贵州省国民经济和社会发展第十二个五年规划的建议》指出，要抢抓国家深入实施西部大开发战略的历史性机遇，解放思想，更新观念，紧扣科学发展的主题，围绕转变经济发展方式的主线，突出加速发展、加快转型、推动跨越的主基调，重点实施工业强省战略和城镇化带动战略。实施工业强省战略、加快工业经济发展，"走出一条就业容量大、经济效益好、资源消耗低、环境污染少，具有贵州特色的新型工业化之路"，其实就是发展绿色经济、循环经济和可持续发展之路，也是贵州省"加速发展、加快转型、推动跨越"，实现经济社会又好又快、更好更快发展的必然选择。贵州从"十五"开始，经过"十一五"的试点、"十二五"的全面发展，新型工业化道路越走越宽，工业绿色经济发展取得了可喜成就。

第一节　经济总量快速增长

自改革开放以来，全省工业加快发展，规模不断壮大，实力大为增强，已基本形成特色鲜明的能源和资源深加工工业体系，以国防科技工业为主体的装备制造业和电子信息产业制造体系，以烟酒为特色的食品工业体系，以高科技为支撑的高新技术产业体系。"十五"时期以来，特别是经过"十二五"时期的发展，贵州工业经济规模、总量得到快速增长，产业园区集聚效应明显。

一、工业经济规模、效益快速增长

"十五"以来，贵州工业在优势行业带动下实现快速发展。2001年，全省工业增加值完成335亿元，比上年增长10.2%。其中规模以上企业完成增加值235.9亿元，比上年增长9.8%。在规模以上工业中，重工业完成增加值160.4亿元，轻工业完成增加值75.5亿元，分别增长11.4%、6.5%。大中型企业仍是全省工业的重要骨干力量，完成增加值142.8亿元，占规模以上工业增加值的60.5%。

2005年，全省工业增加值完成711.86亿元，是2001年的2倍，比上年增长14.8%。其中，规模以上工业企业实现增加值561.59亿元，是2001年的2.4倍，比上年增长17.0%。工业企业总体经济效益大幅度提高。全年规模以上工业经济效益综合指数为150.04，比上年提高14.59点，是2000年以来最好水平。规模以上工业企业盈亏相抵后实现利润75.29亿元，比上年增长19.7%，是2000年的6.0倍。其中，国有及国有控股企业实现利润60.17亿元，比上年增长29.7%。[①]2008年末，全省有工业企业法人单位13348个，就业人员101.00万人，资产合计4986.03亿元。

2011年，全省规模以上工业增加值1638.71亿元，是2001年的6.9倍，比上年增长21.0%。其中，轻工业增加值545.78亿元，增长22.7%；重工业增加值1092.93亿元，增长20.1%。全年规模以上工业企业实现主营业务收入4799.19亿元，比上年增长29.0%；盈亏相抵后的利润总额为330.84亿元，增长26.2%。全年规模以上中小工业企业增加值1038.82亿元，比上年增长25.3%；主营业务收入2404.53亿元，

---

① 《2005年贵州省国民经济和社会发展统计公报公布》，金黔在线，2006年3月11日。

增长 36.1%；利润总额 161.50 亿元，增长 23.9%。

2015 年，贵州工业规模持续扩大，综合实力显著增强。全年规模以上工业增加值 3550.13 亿元，是 2001 年的 15 倍，比上年增长 9.9%，高于全国平均水平 3.5 个百分点，连续三年增速全国排位靠前；资产总额 2014 年突破 1 万亿元大关，2015 年达到 1.10 万亿元。工业销售产值突破万亿元大关，达到 1.06 万亿元。全年新建投产规模以上工业企业 432 个，全省规模以上工业企业达 4145 家，工业对 GDP 的贡献率达到 31.8%。"十二五"时期，全省规模以上工业增加值年均增长 14.3%。[①]

二、产业园区集聚效应明显

2011 年以来，全省实施了"100 个产业园区成长工程"，"大力推进工业园区规范化、集约化、特色化发展，不断提高园区产业集聚能力和承载能力。"[②] 2011 年，全省有 969 户工业企业（年主营业务收入在 500 万元及以上）入驻各类工业园区。全年工业园区实现工业增加值 459.67 亿元，比上年增长 26.5%；主营业务收入 1712.71 亿元，增长 40.0%；利润总额 49.01 亿元，增长 16.7%。2015 年完成标准厂房建设 680 万平方米，累计建成标准厂房 3459 万平方米，新开工污水处理设施项目 50 个，建成 30 个，新增污水处理能力每日 18.13 万吨。2015 年，全省产业园区累计完成投资 3517 亿元，同比增长 15.2%；全省产业园区工业总产值从 2011 年的 1977 亿元增长到 2015 年的 7657.11 亿元，年均增长 40.29%，为 2011 年的 3.87 倍。省级园区累计达到 111 个，覆盖各市州县，成为地方新的经济增长极。园区整合力度不断增强，呈现产业链衔接、集群发展的良好势头。[③]

---

① 汤会琳：《贵州省情教程》，清华大学出版社 2016 年版，第 120 页。
② 汤会琳：《贵州省情教程》，清华大学出版社 2016 年版，第 123 页。
③ 汤会琳：《贵州省情教程》，清华大学出版社 2016 年版，第 121—123 页。

三、主要工业品产量较快增长

"十五"以来，贵州主要工业品产量不断增长。2001 年，全省发电量、原煤、水泥、钢材、铝材和农药化肥等产量分别为 480.25 亿千瓦时、3731.39 万吨、920.00 万吨、138.61 万吨、28.39 万吨、86.75 万吨，比上年分别增长 19.2%、0.4%、18.2%、−8.4%、4.4%、9.9%，除钢材下降和原煤略有增长外，其余增长幅度较大。2011 年，全省发电量、原煤、水泥、钢材、铝材和农药化肥等产量分别为 1344.14 亿千瓦时、13033.40 万吨、5000.19 万吨、896 万吨、298 万吨、792 万吨。2015 年，主要工业品产量继续增加，其中，发电量、原煤、水泥、钢材、铝材和农药化肥等增长较快。贵州轻工业主要产品中的白酒、卷烟、茶叶、特色食品和民族医药都有较大幅度发展和提高。2015 年，全省白酒产量达到 42.79 万千升，卷烟产量 252.34 万箱，茶叶产量 11.80 万吨，药材产量 39.92 万吨。主要工业品产量见表 1。

表 1　2011—2015 年全省规模以上主要工业品产量

指标名称	2011 年	2012 年	2013 年	2014 年	2015 年	2015 年比 2014 年增长（%）
发电量（亿千瓦时）	1359.01	1548.44	1620.08	1682.27	1740.92	3.3
磷矿石（折含五氧化二磷30%）（万吨）	2084.18	2281.95	2905.44	3397.42	4323.10	15.1
饮料酒（万千升）	61.80	67.14	91.21	116.99	139.81	15.7
白酒（万千升）	25.49	26.83	30.49	38.05	42.79	11.1
卷烟（万箱）	245.23	249.35	254.29	258.36	252.34	−2.3
中成药（万吨）	4.92	5.74	7.92	7.68	8.53	10.8
多色印刷品（万对开色令）	129.57	401.14	415.62	1231.89	1469.03	19.1
焦炭（万吨）	624.25	754.54	827.41	733.21	729.46	−4.2

续表

指标名称	2011 年	2012 年	2013 年	2014 年	2015 年	2015 年比 2014 年增长（%）
农用氮、磷、钾化学肥料（折纯）（万吨）	360.37	503.82	524.26	533.52	582.47	8.2
橡胶轮胎外胎（万条）	536.77	622.78	602.15	546.46	484.78	−11.3
水泥（万吨）	5250.89	6100.45	8352.95	9386.89	9909.52	5.4
生铁（万吨）	482.35	552.93	539.22	498.64	407.58	−18.2
钢材（万吨）	462.77	560.22	573.28	552.39	463.04	−16.2
铁合金（万吨）	263.90	309.68	327.25	348.18	332.61	−4.4
十种有色金属（万吨）	94.55	110.61	119.87	71.89	91.41	27.1
原铝（电解铝）（万吨）	90.36	104.35	112.28	65.21	85.52	31.1
家用电冰箱（万台）	169.54	159.04	155.33	168.22	174.14	3.5
集成电路（万块）	1189.82	1558.83	1812.71	1991.79	3079.68	51.2
彩色电视机（万台）	77.87	90.61	121.97	115.68	138.64	14.5

资料来源：《2015 年贵州省国民经济和社会发展统计公报公布》（贵州省统计局）

第二节 工业结构不断优化升级

新中国成立后，特别是改革开放后第十个五年规划实施以来，随着绿色经济的发展，贵州的工业结构不断演变，总的趋势是朝着不断优化升级方向演进。

一、轻重工业比重在动态中调整

贵州轻工业与重工业总产值之比，1949 年为 75.9 : 24.1，重工业基础薄弱；1978 年为 32.6 : 67.4，资源开发型的重工业占优势。[①] 2001 年，在全省规模以上工业中，重工业完成增加值 160.4 亿元，轻工业完成增加值 75.5 亿元，轻重工业增加值之比为 32.01 : 67.99；2011 年，全省轻重工业规模以上企业工业增加值之比为 33.3 : 66.7。

"十二五"时期，全省规模以上轻工业增加值年均增长 14.5%，重工业增加值年均增长 14.3%。轻重工业同步增长。全省立足产业优势，加快以"五张名片"为首的轻工业发展，轻重工业呈协调发展之势；立足资源优势，稳定重工业发展。2015 年全省规模以上轻工业增加值 1374.19 亿元，比上年增长 8.3%；重工业增加值 2175.94 亿元，增长 10.9%。[②] 轻重工业增加值之比为 38.7 : 61.29，重工业虽然占优势，但轻工业与重工业结构在悄然发生变化，不过这种变化比较缓慢。变化趋势是不断增加轻工业的比重，减少重工业的比重，即调整能源工业在工业增加值中的比重，增加特色轻工业在工业中的比重。而贵州的特色轻工业包括烟酒、茶叶、农副食品加工业、医药制造等，是绿色经济产业。因此，贵州工业结构在调整中不断优化升级的过程，其实质就是发展绿色经济的过程。

二、产业结构不断调整优化

"十五"时期，贵州经济结构调整初见成效。规模以上工业增加值增长 20.1%，增幅比上年提高 6.6 个百分点。电力、烟草、煤炭、饮料、

---

① 汤会琳：《贵州省情教程》，清华大学出版社 2016 年版，第 122 页。
② 《2015 年贵州省主要统计数据新闻发布会》，多彩贵州网，2015 年 4 月 19 日。

化工五大行业对工业增长的贡献率达68.6%。其中电力和煤炭的贡献率达34.2%，能源工业成为贵州省第一大支柱产业。轻工业增长22.1%，比重工业高2.9个百分点。以微硬盘、新材料和机电一体化为核心的高新技术产业加快发展。

"十一五"期间，全省共淘汰2864万吨落后产能和144.9万千瓦小火电机组，其中炼铁416.35万吨、炼钢47.2万吨、铁合金108.02万吨、炼焦1222.3万吨、水泥792万吨、电解铝13万吨。重点行业先进生产能力比重明显提高，大型、高效装备得到推广应用，电力行业新投产一大批30万千瓦以上火电机组，钢铁行业淘汰了300立方米以下高炉，电解铝行业电解槽以185千安及以上大型预焙槽为主，建材行业新型干法水泥熟料产能比重大幅度提高。在产业发展上加强规划引导，出台了一系列政策措施，大力促进服务业、轻工业和高新技术产业发展。①

"十二五"时期，贵州重点做大做强煤炭、电力、煤化工、磷化工、煤电铝、装备制造业、电子信息产品制造、特色食品工业等支柱产业；实施工业"百千万"工程，新增规模以上企业1889户，规模以上工业增加值年均增长14.3%，千亿元产业实现零的突破。截至"十二五"末期，形成6个千亿级产业，全省共有煤炭、电力、烟酒、化工、建材、装备制造6个产业产值突破千亿元。"五大新兴产业"发展迅猛，其中，以大数据为引领的电子信息产业实现规模总量2011.5亿元，年均增长37.7%。白酒、装备制造业、能源、新材料等产业加快发展，IT等新兴产业从无到有，发展迅速。电子商务交易额年均增长64%，医药产业年均增长14.2%，新型建筑建材业年均增长21.6%，装备制造业年均增长25.5%，特色轻工业年均增长15.6%。

---

① 《贵州省"十二五"发展循环经济和节能减排专项规划》，中西部投资网，2013年5月30日。

三、工业经济规模扩大

全省深入实施工业"百千万"工程，扎实开展"双服务"行动，培育壮大新兴产业，拓宽产业发展空间。2015年全省规模以上工业（统计口径为全部年主营业务收入2000万元及以上的工业企业）总产值达到11003.9亿元，工业增加值3550.13亿元，比上年增长9.9%，"十二五"时期年均增长14.3%，高于"十一五"时期0.2个百分点，高于全国同期4.7个百分点。

2015年，全省工业企业快速增多。全年新增规模以上工业企业432个，全省规模以上工业企业数量达到4145户，比上年末净增250户，资产总额达到1.10万亿元；工业销售产值也突破万亿元大关，达到1.06万亿元。随着企业数量较快增加，工业产品覆盖面进一步拓宽。2015年末，全省规模以上工业企业实现大类行业全覆盖，中类行业覆盖率为82.1%，共生产工业统计范围内的工业产品282种，产品覆盖率为49.7%。[①]

四、传统产业与新兴产业竞相发展

2015年全省煤电烟酒四大传统行业实现增加值2069.06亿元，占规模以上工业的比重为58.3%。其中，酒、饮料和精制茶制造业增加值716.05亿元，比上年增长10.2%；煤炭开采和洗选业增加值684.68亿元，增长5.6%；电力、热力生产和供应业增加值364.53亿元，增长4.2%；受国家计划控制，烟草制品业增加值303.81亿元，下降2.3%。新兴产业蓬勃发展，引领产业转型升级。2015年全省计算机、通信和其他电子设备制

---

① 《2015年贵州省主要统计数据新闻发布会》，多彩贵州网，2015年4月19日。

造业增加值比上年增长 102.0%，电气机械和器材制造业增加值增长 19.0%。[①]

第三节　能源工业发展迅速

能源工业是贵州重要的基础产业和优势产业，主要有煤炭工业和电力工业。从能源工业总产值在全省工业总产值中所占的比例来看，1949 年为 0.47 亿元，占 21.9%；1978 年为 15.53 亿元，占 36.6%；2010 年规模以上企业为 2642.34 亿元，占全省规模以上企业的 63.4%。

2015 年，贵州电力产业工业总产值为 1408 亿元、煤炭产业工业总产值为 1984.56 亿元。数据显示，"十二五"期间，贵州省一次能源生产总量达到 1.54 亿吨标准煤，较 2010 年增长 17.6%，电力装机超过 5000 万千瓦、煤炭产能 2 亿吨/年。累计调出煤炭 2.4 亿吨。改革开放以来，贵州能源工业从小到大发展迅速，成为贵州工业中的支柱产业，在贵州经济发展中具有举足轻重的地位和作用。

一、加快发展了煤炭工业

贵州煤炭资源非常丰富，向来享有"西南煤海"之称。贵州省的煤炭资源不仅储量丰富，而且成煤地质条件好，分布广泛又相对集中，具有储量大、煤种全、埋藏浅、分布聚、含硫低、组合好的特点。

贵州煤炭资源的理论蕴藏量高达 2400 多亿吨。2015 年贵州煤炭资源储量为 646.32 亿吨，列全国第五位，仅次于山西、内蒙古、新疆和陕西，超过南方 12 个省（市、区）煤炭资源储量的总和。贵州出产的煤炭资源种类齐全，有气煤、肥煤、焦煤、瘦煤等炼焦用煤，也有无烟煤、褐煤、

---

① 《2015 年贵州省主要统计数据新闻发布会》，多彩贵州网，2015 年 4 月 19 日。

贫煤等非炼焦用煤，这些不同种类的煤炭资源质量都较好。贵州煤炭资源中，可以开发利用的优质煤炭储量丰富，数量为贵州煤炭资源总量的三分之一左右。这些煤炭资源的分布多位于距离地表垂深600米的地下，埋藏较浅，大大减少了开采的难度，利于开采。

在贵州88个县中（含市、县、特区），74个县（含市、县、特区）有煤炭资源，这些煤炭资源的分布面积达到了7万多平方千米。在74个蕴藏煤炭资源的县（含市、县、特区）中，产煤相对集中于贵州西部的六盘水市与毕节市，这两个市中产煤集中的县主要是盘县、水城、六枝、织金、纳雍、大方等县；黔北的桐梓、仁怀、习水、遵义等县也都产煤；中部的贵阳和安顺，以及黔南、黔西南等地区煤炭的分布也较多。上述各地所产的煤炭因品种不同而各具特色，其工业用途也不同，使各产煤地区形成特色各异的能源资源优势，根据各地的煤炭特色和资源优势，可以建设功能、性质各不相同的煤炭生产基地。如织金、纳雍、大方煤田是贵州最大的无烟煤产区，也是中国规模第二大的无烟煤产区，可建成化工用煤、气化用煤基地；而作为贵州省第二大煤田的六盘水煤田，因所产煤含硫量低，符合炼焦要求，可将其建成西南最大的炼焦煤基地。

贵州不仅是全国的煤炭资源大省，也是全国的煤炭工业大省。贵州原煤产量排全国第六位、江南第一位，是全国原煤年产量超过亿吨的省份之一，"十二五"期间，煤炭产能达到2亿吨/年。"形成了从地质勘查、采煤、洗选到炼焦、煤层气利用等的生产经营体系，能为工业、民用提供各类原煤、洗精煤、焦炭等燃料，为'西电东送'提供了所有火电用煤。"①

"十五"时期以来，贵州煤炭工业发展迅速，成为全省第一大支柱产业。"十五"期间的2004年、2005年，煤炭工业分别实现增加值22.77亿元、39.82亿元，分别比上年增长73.4%、23.9%；"十一五"末期的2010年，全省煤炭开采和洗选业实现增加值573.85亿元，增长

① 汤会琳：《贵州省情教程》，清华大学出版社2016年版，第123—124页。

23.9%，是 2005 年的 14 倍。

"十二五"时期，贵州煤炭工业较"十五"、"十一五"时期发展更快。2011 年全省煤炭开采和洗选业实现增加值 411.35 亿元，比上年增加27.6%；2015 年，实现增加值 684.68 亿元，比上年增加 5.6%，是2005 年的 17 倍。

表 2　2011—2015 年全省规模以上工业增加值　　单位：亿元

指标名称	2011 年	2012 年	2013 年	2014 年	2015 年	2015 年比 2014 年增长（%）
规模以上工业增加值	1638.71	2055.46	2531.92	3117.60	3550.13	9.9
煤炭开采和洗选业	411.35	472.21	558.35	676.28	684.68	5.6
酒、饮料和精制茶制造业	238.88	378.82	495.62	613.85	716.05	10.2
烟草制品业	175.81	246.89	274.74	302.19	303.81	−2.3
化学原料和化学制品制造业	96.68	109.43	124.84	141.46	159.75	9.4
医药制造业	52.02	52.70	68.45	85.53	101.63	6.9
非金属矿物制品业	61.41	66.34	106.79	190.56	248.63	13.0
黑色金属冶炼和压延加工业	66.70	58.92	64.19	79.42	79.11	5.4
有色金属冶炼和压延加工业	57.68	75.20	94.07	140.13	151.11	18.4
计算机、通信和其他电子设备制造业	10.50	14.52	20.93	20.73	52.51	102.0
电力、热力生产和供应业	234.89	295.39	318.03	340.17	364.53	4.2

二、大力发展以"水火并济"为特色的电力产业

贵州把发展电力作为支柱产业有三大有利条件：（一）资源丰富。一是贵州以煤为代表的能源资源非常丰富。贵州原煤产量在全国排第六位，在江南排第一位，是有名的煤炭工业大省，原煤年产量超过亿吨。二是水能资源蕴藏量大。水能资源是一种可再生资源，不像矿物资源不可再生，它能替代矿物能源，特别是随着矿物能源日益枯竭，水能资源作为一种替代能源发展前景非常广阔。"贵州河网密度大，河流坡度陡，天然落差大，产水模数高，水能资源十分丰富。水能理论蕴藏量为1874.5万千瓦，居全国第六位。其中，技术可开发量达1683.3万千瓦，占全国总量的4.4%。按单位面积占有量计算，每平方公里就有1069瓦，是全国平均水平的1.5倍，居全国第三位。贵州水能资源的特点是：分布均、造价低、发力高、区位优，特别是水位落差集中的河段多，开发条件优越。"[1]（二）机遇难得。"西电东送"作为西部大开发的标志性工程，为贵州向广东、广西等地或其他东南沿海地区输送电能提供了千载难逢的良好机遇，得到国家有关部门的大力支持及政策倾斜，将安排实施一大批电力项目。（三）市场广阔。我国东部省区，包括周边的广东、广西、重庆等地区对贵州电力的需求量很大，这是一方面；另一方面，贵州要实施工业强省战略、发展绿色经济，也需要电能。

"十五"期间，贵州加快发展以电力为重点的能源工业。积极开发水电，加快发展火电，走水火电互济的发展路子。按照国家"西电东送"的总体布局，举全省之力实施西电东送工程，加快建设西南电网的重要调峰电源和西电东送的骨干电源。到"十五"末期，以"西电东送"为重点的能源建设实现历史性突破，新增电力装机容量842万千瓦，是新中国成立以来前51年总和的1.7倍；"黔电送粤"达400万千瓦。2005年

---

① 汤会琳：《贵州省情教程》，清华大学出版社2016年版，第27页。

全省电力实现增加值 124.67 亿元，比上年增长 16.6%，发电量 786.78 亿千瓦时，比上年增长 10.8%。[①]

"十一五"期间，贵州坚持"水火并举"的原则，有序推进"西电东送"电源项目建设，先后规划建设了第一批、第二批"西电东送"、"十水十二火"共 22 个电源项目，全省共完成 6000 瓦以上电力装机 3000 万千瓦；在大力培育省内电力市场的同时，"十一五"累计向广东送电 1660 亿千瓦时，向重庆、广西、湖南、云南等周边省市送电 208 亿千瓦时。电力产业的快速发展带动了煤炭资源的开发，并为铝加工、磷化工、煤化工、钢铁、铁合金等载能工业发展提供了有力支撑，促进了资源优势向经济优势转化。"十一五"末期，电力实现增加值 340.17 亿元，比上年增长 4.9%，为"十五"末期的 2.7 倍；发电量 1385.63 亿千瓦时，比上年增长 10.8%，为"十五"末期的 1.76 倍。

"十二五"期间，贵州省充分发挥"水火互济"的优势，坚持扩大省外市场与保证省内用电并重，深入实施"西电东送"和资源就地转化。2015 年，贵州电网统一调配的电厂发电装机容量为 4836.7 万千瓦，向广东、广西、湖南、重庆、云南等地送电 400 亿千瓦时。"十二五"时期，贵州大力发展绿色电力工业，进一步优化电力结构，优化发展火电，大力发展清洁能源，深度开发水电，积极发展风电、核电和生物质能发电，"十二五"时期贵州省新能源发展目标为：到 2015 年新能源装机 450 万千瓦。其中，风电 395 万千瓦，生物质能发电 15 万千瓦，光伏发电 7 万千瓦，煤层气（煤矿瓦斯）发电 33 万千瓦。其中，将风能等绿色能源作为开发重点，风能发电已经达到一定规模和能力。贵州省威宁县百草坪的乌江源风电场分为 6 期建设，共安装风电机组 198 台，总装机容量 30 万千瓦，年设计发电量 6.23 亿千瓦时，是目前贵州最大的风电场，装机容量在西南地区排名前列。2015 年，全省电力工业实现增加值 364.53 亿元，比上年增长 4.2%，为"十五"末期的 2.9 倍；发电量

---

① 《2005 年贵州省国民经济和社会发展统计公报公布》，金黔在线，2006 年 3 月 11 日。

1740.92 亿千瓦时，比上年增长 3.3%，为"十五"末期的 2.2 倍。

三、加快建设国家重要资源深加工基地

"十一五"以来，贵州省充分发挥能源和矿产资源组合优势，加快把煤及煤化工、铝及铝加工、磷及磷化工培育成为新兴支柱产业。

（一）加快发展以煤化工、磷化工为主的化学工业

以煤液化制油、合成氨、烯烃等煤化工产品为重点，加快建设煤电化一体化、上下游配套、具有较强竞争力的产业集群。积极改造提升传统煤化工，大力发展新型煤化工，推进建设一批大型现代煤化工基地和项目。围绕建设具有国际竞争力的磷化工基地，稳步推进磷化工业生产能力重组，大力发展精细磷化工产品。重点发展高纯黄磷、精细磷制品和精细磷酸盐产品，加快磷矿伴生资源尤其是重稀土矿等贵重资源的开发利用。2010 年全省以煤磷为重点的化学工业实现总产值 322.97 亿元，比上年增加 13.6%。2015 年，全省化学工业实现增加值 159.75 亿元，比上年增加 9.4%，比"十五"末期的 2005 年化学工业增加值 52.68 亿元增加了 2.0 倍。经过"十二五"时期的快速发展，"贵州的化学工业已形成以磷化工、煤化工、硫化工为重点，包括化学矿山、化学肥料、无机盐、基本化工原料、有机化工原料、化学农药、橡胶加工等生产经营体系。"①

（二）加快提升以铝加工为主的有色金属工业

贵州是全国有名的十大有色金属产地之一，具有"以铝为主体，兼有钛、铅、锌、镁、硅等从勘探研发、基本建设、采矿选矿到冶炼加工

---

① 汤会琳：《贵州省情教程》，清华大学出版社 2016 年版，第 124 页。

的生产经营体系。"[1] "十一五"以来，按照"重点发展氧化铝、配套发展电解铝、大力发展铝加工"的总体思路，基本建成以贵阳和遵义为主的大型铝工业基地。"十二五"期间，有色金属产业着力调整产业结构，大力发展资源深加工，提高资源集约利用水平，加快建成全国重要的有色金属产业基地。具体要求是：以淘汰落后产能、技术改造、企业重组为重点，推动铝工业结构调整和产业优化升级，大力发展铝加工，实现铝产品结构由初级原料为主向加工产品为主的转型，建设形成贵阳、遵义两大铝电联营、上下游配套的大型铝工业基地，推动黔东南、六盘水、安顺、铜仁等地发展铝加工。根据《贵州省"十二五"有色金属产业发展规划》，五年内，有色金属产业总产值达到1000亿元，形成年产氧化铝560万吨、电解铝260万吨、铝加工产品150万吨的生产能力。"十五"末期的2005年，全省有色金属工业实现增加值40.34亿元；"十一五"末期（2010年），贵州规模以上有色金属工业总产值达到220.31亿元，是2005年的1.64倍，占全省规模以上工业总产值的5.4%；2011年贵州全省有色金属工业实现增加值57.68亿元，比上年增长18.1%；2015年，贵州有色金属工业实现增加值151.11亿元，是2011年的2.6倍，是2005年的3.7倍。

第四节　加快发展了装备制造业和电子信息产品制造业

"十一五"以来，贵州积极发展以航天航空、电子信息和先进制造业为代表的高技术产业，全面增强自主创新能力。加快建设以存储技术产品、新型电子元器件、通信终端、特色数据产品为主的电子信息产业基地，以有色金属、合金材料、电子材料、复合材料为主的新材料产业

---

① 汤会琳：《贵州省情教程》，清华大学出版社2016年版，第124页。

基地，以锂电池、高容量聚合物动力电池为主的新能源制造基地，在优势领域初步形成若干拥有自主知识产权和较强发展能力的高技术产业集群。坚持重点突破，加快装备制造业技术进步、结构调整和资源整合，振兴汽车零部件、工程机械等制造业。大力支持国防科技工业发展。加快优势生物技术的研发与产业化。积极支持贵阳等中心城市依托开发区和高新技术产业园区加快高技术产业发展。①

一、装备制造业发展迅速

经过"十一五"时期的发展，贵州装备制造业取得可喜成就。一是发展速度持续加快，运行质量明显提高。"十一五"以来全省规模以上装备制造业工业总产值年均增速为 20.81%，工业增加值年均增速为 23.4%，利税总额年均增速为 13.08%，出口交货值年均增速为 34.9%。2009 年全省规模以上装备制造业共 248 家，从业人数 9.77 万人，共完成工业总产值 321.94 亿元，工业增加值 92.22 亿元，利税总额 24.15 亿元，出口交货值 4.25 亿美元，资产总额 431.46 亿元。分别占全省规模以上工业总数的 12.2%、14.5%、10.6%、7.9%、5.4%、20.3%、8.8%。二是结构调整稳步推进，"七大系列"产品初步形成。贵州是我国西南地区重要的国防科技工业基地，国防科技工业的发展为全省装备制造业奠定了一定的基础。"十一五"以来全省装备制造业完成固定资产投资 99.4 亿元，实施技术改造项目 648 项，重点开发生产一批特色优势明显的装备和产品。基本形成飞机及飞机零部件、汽车及汽车零部件、工程机械及零部件、精密数控装备及功能部件、电子元器件和电力装备、铁路车辆及备件、新装备及配套零部件等七大系列产品。三是初步形成了以贵阳、遵义、安顺为集中区域的产业聚集区。拥有以装备制造业为主的 4 个国家级产业园区：分别是安顺国家民用航空产业高技术产业基地、贵阳经济技术开发区、贵

①《贵州省国民经济和社会发展第十一个五年规划纲要》。

阳高新技术开发区、贵州航天高新技术产业园；一个省级产业园区，即以黎阳航空发动机为主导的高新技术工业园。四是企业科技研发能力增强，技术创新取得较大成果。"十一五"以来，通过不断加大技术创新力度，提升产学研合作水平，注重优势资源的有效对接与整合，不断提升企业自主创新能力。截至 2009 年，全省 120 家国家级、省级企业技术中心中，装备制造企业技术中心占 49.17%，新产品产值率 42.5%，R&D 投入比 7.43%，开发新产品 3343 项，申请专利 1865 项，在主要技术创新能力指标上，均远高于全省技术中心平均水平，居全省工业前列。①

经过"十二五"时期的发展，贵州省装备制造业发展势头更加良好、结构进一步优化。全省装备制造业规模以上工业总产值从 2007 年的 226 亿元提高到 2014 年的 899 亿元，工业增加值从 58.16 亿元提高到 194.25 亿元。航空、航天、电子三大军工集团及行业内企业转型升级步伐加快，自主创新能力加强。汽车、工程机械、矿用机械、电力设备、轨道交通、机床等一批重要产品产量不断占有市场，对社会经济贡献率不断提高，产业和产品结构持续优化。

一是以装备制造业为主导的工业园区聚集效应已经形成，产业带动作用不仅吸引相关企业向园区集中，而且带动了人才、技术、资金、项目等向园区集聚。贵阳经济技术开发区和遵义经济技术开发区不断发展壮大，成为全省国家级新型工业和示范基地。毕节汽车制造基地以毕节力帆汽车为龙头，聚集了兴国新动力、添钰动力、力帆新能源等 40 多家汽车及相关零部件企业。六盘水、黔东南、黔南等市州也逐步形成了一定规模的装备制造业集聚区，建设了一批能矿装备、汽车、输配电产业等特色装备产业园区。

二是一批重大项目建成投产，为产业持续发展注入新的动力。中航工业黎阳航空发动机新基地建设、贵州红林机械公司和贵阳航空电机等航空企业搬迁改造，加快了高端装备制造业的发展步伐。长顺高原矿山

---

① 《贵州省"十二五"装备制造业发展规划》（征求意见稿）。

机械、中煤盘江重工等一批能矿机械项目建成投产，使贵州省能矿机械规模以上企业达到 10 家，年生产能力达到 2.5 万台套，并针对贵州省煤炭储藏条件设计开发了煤炭采掘设备。

三是一批重点主机产品数量、质量、效益同步提升，成为带动装备制造行业发展的"主动力"。黎阳天翔结合北盘江河道改造，成功研发了 2000 吨级船舶，实现贵州省内河船舶制造业转型升级的突破。力帆汽车总部落户贵州，带动了贵州省汽车工业的新一轮发展，全省新增毕节力帆、航天成功、贵龙客车、云河汽车、贵州铁马、贵州万征 6 家生产企业，全省汽车企业已达 12 家，产品涉及载货汽车、轿车、客车、微型客货车、专用车、低速货车六大类近 300 款，年设计产能达 20 万辆。高原矿山机械公司面对煤炭行业困境，积极开拓新兴市场，在原有大直径提升机的基础上开发新产品，成为首次应用到我国"蛟龙号"深海载人潜水活动的万米提升机。[①]

二、加快发展电子信息工业

（一）电子信息产品制造业发展迅速

"十一五"以来，贵州加快发展电子信息产业。2005 年，贵州通信设备、计算机及电子设备制造业实现增加值 6.65 亿元，比上年增加 17.3%；到"十一五"末期，通信设备、计算机及电子设备制造业总产值为 44.79 亿元，比上年增长 13.1%；2011 年，全省电子信息产业增加值为 10.5 亿元；2015 年，实现增加值 52.51 亿元，是 2011 年的 5 倍，同比增长 102%。

近年来，贵州大力发展以大数据产业引领的信息产业，突出工业化信息化深度融合，推进传统产业升级改造，壮大发展新兴产业。2015 年，

---

① 《贵州装备制造业结构持续优化》，《贵州日报》，2015 年 3 月 22 日。

大数据电子信息产业规模总量达到 2011.5 亿元，同比增长 37.7%。电子信息制造业完成工业产值 426 亿元，同比增长 64.7%；软件及信息技术服务业完成业务收入 235 亿元，同比增长 71.2%；通信和广电网络完成业务总量 481 亿元，同比增长 10.1%；电子商务交易贡献值实现 158 亿元，同比增长 33%；信息产品销售贡献值实现 73 亿元，同比增长 13.9%。信息产业对各行业贡献值 287.5 亿元，同比增长 20.8%；信息产业投资实现 352 亿元，同比增长 53%。[1]

（二）电信业快速发展

"十一五"以来，贵州固定通信和移动通信两个行业加快转型，宽带业务和增值业务发展很快。通信企业之间进行了资源整合，企业实力增强。电信通信业成了全省重要的先导产业和基础产业之一，得到超常规发展。2015 年，电话交换机总容量为 5545.40 万门，年末固定电话用户 312.54 万户，移动电话用户 3172.31 万户，互联网宽带接入用户 391.32 万户，电信业务总量为 481.10 亿元。建成贵州省互联网交换中心并成功运行，实现三大运营商互联网本地流量交换；互联网出省带宽能力新增 960Gbps，达到 3060Gbps；光缆线路新增 22 万千米，达到 73 万千米；新增 2200 个行政村通宽带和 1100 个自然村通电话；新增 1203 个行政村通有线电视网络，总数达到 5803 个；城市有线电视双向化改造和农村数字电视延伸覆盖用户分别新增 110 万户、25.1 万户，总数达到 310 万户、115.1 万户。[2]

第五节 全面提高了特色食品工业

贵州的特色食品工业主要由烟草加工业、以白酒为主的饮料制造业、

---

① 汤会琳：《贵州省情教程》，清华大学出版社 2016 年版，第 128 页。
② 汤会琳：《贵州省情教程》，清华大学出版社 2016 年版，第 128 页。

农副产品加工业和食品制造业构成。2015 年，贵州特色食品工业增加值分别为：农副食品加工业 55.89 亿元，食品加工业 45.1 亿元，酒、饮料和精制茶制造业 716.5 亿元，烟草制品业 303.81 亿元。

一、巩固提高烟草加工业

"十五"期间，贵州大力巩固提高烟草加工业，优化卷烟行业结构，提高质量，拓展市场，促销增效。2005 年，卷烟年产量达 208.21 万箱，同比增长 6.9%；卷烟制品业规模以上工业增加值达 72.27 亿元，同比增长 25.7%。"十一五"期间，贵州巩固壮大卷烟支柱产业，支持卷烟企业走大企业、大品牌、大市场的发展路子，做强做大"黄果树"、"贵烟"等名优卷烟品牌，力争卷烟单箱利税率等主要指标达到全国平均水平，贵州黄果树烟草集团公司进入全国卷烟行业十强之列。加强优质烟叶基地建设，实现由烤烟大省向烟草强省转变。2010 年，卷烟制品业实现工业总产值 208.65 亿元，同比增长 14.6%。"十二五"开局之年，卷烟业工业增加值达 175.81 亿元，同比增长 15.2%，年产量达 245.23 万箱；"十二五"期间，贵州大力实施品牌带动战略，以技术创新为先导，调整优化卷烟工业结构和产品结构，推动精细制造和市场建设，提高卷烟业经济总量。支持卷烟企业走集团化、规模化、集约化发展的路子，大力提升烟草行业整体竞争力。2015 年全省烟草业实现工业总产值 359.3 亿元，是"十一五"末期的 1.7 倍，实现烟草业增加值 303.81 亿元，是"十五"末期的 4.2 倍，全年生产卷烟 252.34 万箱。

二、做大做强以白酒和茶叶为重点的饮料制造业

贵州的饮料制造业以白酒和茶叶制造为重点，形成包括啤酒、果酒、刺梨干红、果汁、优质饮用水等系列饮料制品的生产经营产业。

贵州是全国酱香型白酒主产地，独特的自然环境和宜人的气候，成

就了贵州独一无二的酱香白酒品质，贵州白酒产业在全国的白酒市场占有重要地位，市场占有率稳步提高。

截至 2015 年底，贵州拥有 1207 户酒类制造企业，其中大型的企业 1 户，中型企业 24 户，规模较大的酒类企业（年主营业务收入在 2000 万元及以上）135 户。其中，遵义市白酒产业规模最大。2015 年末，遵义市酒类企业数 601 户，占全省酒类企业数的比重为 49.7%；其余依次为黔西南州 133 户、六盘水市 106 户、黔东南州 83 户、黔南州 70 户、贵阳市 63 户、铜仁市 54 户、毕节市 51 户、安顺市 46 户。[①]

表 3　2015 年酒类行业各市（州）情况　　　　　单位：户

市州名称	全省酒类行业企业数	白酒企业数	规模以上酒类行业企业数
全省	1207	1053	135
贵阳市	63	45	7
六盘水市	106	100	5
遵义市	601	569	88
安顺市	46	36	7
毕节市	51	41	2
铜仁市	54	48	9
黔西南州	133	118	3
黔东南州	83	60	7
黔南州	70	36	7

2015 年末，全省规模以上酒类企业数占全国规模以上酒类企业数的比重为 5.0%，比重比上年提高 0.4 个百分点；企业数在全国排第 5 位，分别比四川省、山东省、河南省、安徽省少 265 户、162 户、101 户和 11 户。预计贵州规模以上酒类企业数 2016 年可超过安徽省，在全国排第 4 位。

"十五"时期，贵州的酿酒工业以名优白酒、饮料酒和保健酒为发展

---

① 《贵州酒业大数据：2015 年贵州白酒企业 1053 户》，中商情报网，2016 年 5 月 24 日。

重点，充分发挥茅台酒等名牌效应，全面提升产品质量、经营水平，扩大规模效益。到 2005 年，酿酒业规模以上工业增加值 37.34 亿元，同比增长 27.5%。"十一五"期间，贵州大力发展享誉"国酒"之称的茅台酒，进一步挖掘提高茅台酒的生产能力，提高产量，实现规模经济；充分发挥茅台酒在贵州白酒产业中的龙头带动作用，努力振兴贵州传统名酒。"十一五"开局之年即 2006 年，全省酿酒业年产量达 34.33 万千升，规模以上工业增加值 48.78 亿元，同比增长 23.1%。到"十一五"末期即 2010 年，贵州酿酒业工业总产值达到 209.22 亿元，比上年增长 16.2%；当年产量达到 48.72 万千升，为 2006 年的 1.4 倍。"十二五"以来，贵州酿酒工业一是以"国酒茅台"为代表，继续做大做强白酒品牌，大力提高名优白酒、品牌白酒产量；二是通过大力发展年份酒，扩大对高端市场的占有率；三是通过整合全省白酒品牌资源，全力打造黔北地区、黔中地区、黔南地区三个"贵州白酒"品牌基地，大力推进仁怀白酒工业园区建设，推动"贵州白酒"品牌的综合实力和整体竞争力上一个新的台阶。

贵州的酒类行业近几年来都是以每年百亿元的规模不断地迅速发展，成为贵州第一大工业行业。行业的迅速发展让贵州酒类行业资产总额在 2014 年时就已经突破千亿元大关。2015 年贵州省规模以上的酒类行业主营业务突破 500 亿元，为 561.43 亿元，比上年增长 11.5%，占规模以上工业主营业务收入的比重保持在 6% 左右。2015 年末，白酒产能超过 60 万千升。2015 年，全省规模以上白酒产量 42.8 万千升，比上年增长 11.1%，产量保持在全国第 11 位。全年酒类、饮料和精制茶制造业增加值 716.05 亿元，比上年增长 10.2%；酒类行业的总营业额快速增长，为酒类行业创造了丰厚的税收收入和利润。

2015 年全省规模以上酒类行业实现利税总额 350 亿元，占规模以上工业利税总额的比重为 26.6%，比排第二位的卷烟行业高 5.3 个百分点；实现利润总额 240.44 亿元，占规模以上工业利润总额的比重为 39%，比排第二位的电力行业高 29.1 个百分点。

表4　2013—2015年贵州酒类行业主要情况

指标名称	计量单位	2013年		2014年		2015年	
		绝对数	比上年增长（%）	绝对数	比上年增长（%）	绝对数	比上年增长（%）
工业增加值	亿元	470.79	15.0	572.91	13.0	662.95	9.8
资产总额	亿元	928.61	30.9	1058.02	15.5	1312.01	23.1
主营业务收入	亿元	468.58	14.3	495.45	6.1	563.41	11.5
利税总额	亿元	336.86	11.3	335.09	0.3	350.14	3.6
利润总额	亿元	233.56	12.5	233.64	0.3	240.44	2.8
白酒产量	万千升	32.38	20.4	34.69	12.6	42.79	11.1

第六节　加快培育和发展了医药制造业

贵州的医药制造业以中成药制造为主，属于高新技术产业。全国中药现代化科技产业（贵州）基地建设于2011年正式启动，"正在以'四个体系'、'一个网络'即：中药原料生产体系、中药研究开发体系、现代中药生产体系、中药现代化科技产业保障服务体系，市场信息服务网络的建设，把贵州的中药产业培育成新的优势产业，与农业产业化的关系密切。"[1]

一、医药制造业发展迅速

"十五"时期，贵州大力培育发展生物制药产业。一是支持培育一批骨干企业，利用现代科技开发利用本地药材资源，扩大制药企业规模，增强核心竞争力，打造成国内同行业有竞争优势的企业。二是依托有竞

---

[1]　汤会琳：《贵州省情教程》，清华大学出版社2016年版，第127页。

争优势的龙头企业，重点发展市场需求量大的中药制剂、名优中药材及民族制药。三是引导医药企业有序扩大名优中药材种植规模，加快建设中药现代化生产基地。2005年规模以上医药制造业工业增加值32.73亿元，同比增长31.6%；中成药年产量3.61万吨，同比增长26.9%。

"十一五"时期，贵州继续加快中药现代化产业基地建设，以苗药为重点大力发展民族药和中药，坚持中药材资源有序开发和可持续利用原则，采取措施鼓励、支持开发拥有自主知识产权的药品，引导有竞争力的民族制药企业向产业集群发展。2010年，贵州省规模以上医药工业生产总值由2005年的85亿元增长到180.47亿元，实现五年翻一番的快速发展。到2010年，贵州已有6家医药制造企业成功上市，销售收入超亿元的医药企业达30多家，0.5亿至1亿元的企业30多家。贵州益佰、百灵、神奇、同济堂、健兴等制药企业已进入全国中成药工业企业50强。医药产业成为继电力、煤炭、饮料和烟草行业之后拉动贵州工业增长的五大主力之一。[①]

"十二五"时期，贵州大力发展具有比较优势的民族医药产业。围绕"中药现代化"这条主线，一是把发展民族药作为贵州制药业的重点，大力推进生物制药和化学制药；二是发展壮大骨干企业，进一步做大做强"益佰"、"神奇"、"百灵"、"同济堂"、"信邦"等知名品牌；三是加快医药工业园区建设，加快流通体系建设，实现医药企业规模化、集群化发展。[②]

据统计，2015年，全省中药材人工种植及野生保护抚育总面积达546.83万亩，总产量达181.04万吨，总产值达127.20亿元，分别比上年增长6.9%、16.6%和6.0%。全省医药企业比上年增加7家，达到175家，共实现工业总产值381.30亿元，比上年增长2.7%。其中，中成药工业总产值324.65亿元，占全省医药工业总产值的85.1%，工业销售

---

① 《2012—2016年贵州医药行业投资战略分析及深度研究咨询报告》，智库在线，2012年3月。

② 《贵州省国民经济和社会发展第十二个五年规划纲要》。

产值达到 337.87 亿元，比上年增长 3.1%。中成药销售产值达到
290.13 亿元，占全行业总销售产值的 85.9%。制药企业主营业务收入实
现 311.57 亿元，比上年增长 2.4%；实现利润总额 35.88 亿元，税金总
额 32.99 亿元。①

2015 年，贵州民族医药实现工业总产值 325 亿元；规模以上医药制
造业工业增加值 101.63 亿元，同比增长 6.9%，是 2011 年的近 2 倍，是
"十五"末期的 3.1 倍；2015 年规模以上医药制造业中成药产量
8.53 万吨，同比增长 10.8%，是 2011 年的近 2 倍，为 2005 年产量
的 2.4 倍。

二、医药制造业特色鲜明

贵州医药制造业经过十多年的快速发展，显示出巨大的潜力，具有
鲜明的特色，表现出"六个主体"作用。一是地方特色、民族特色浓厚，
黔药制造特别是以苗药为代表的民族医药成为贵州医药产业发展演进的
主体。以苗族、水族、仡佬族等为代表的民族医药的发掘和药品研制、
工业化生产不断加强。贵州中药包括民族医药企业的户数、工业增加值
在全省医药制造业中分别占 65%、90% 左右。二是贵州中药制造业成为
全省医药产业的主体，而中药制造业中大中型企业又成为全省医药产业
规模扩大的主体。大中型制药企业的户数占中药制造业企业总数的 20%，
大中型制药企业工业增加值、主营业务收入分别占全省中药制造业工业
增加值、主营业务收入的 60%、60%。三是标准化种植基地成为药材供
应的主体。在全省医药制造业中，药材的供应主要是依托遍布全省各地
的种植基地。由于医药制造业关乎人民的健康和药品安全，同时又属于
高新技术产业，必须按照 GAP（中药材生产质量管理规范）的要求种植
中药材。因此，这些中药种植基地必须是标准化基地。四是高新技术开

---

① 《〈2016 年贵州省中药民族药产业统计公报〉出炉》，人民网·贵州频道，2016 年 8 月 4 日。

发成为贵州医药制造业科技创新的主体。五是非公有制经济成为贵州医药制造业开发投资的主体。贵州医药制造业中，既有国有企业，又有集体企业，还有中外合资企业、股份制企业和民营企业。其中，非公有制经济的工业总产值占全省医药制造业总产值的比例超过90%。六是中成药制药企业向工业园区集聚成为贵州医药制造业生产力分布的主体。"全省制药企业分布，以贵阳为中心向遵义、黔南、安顺等地延展，产业集聚趋势明显。贵州药品以省外市场为主，苗药已销售全国，2015年，贵州民族医药实现工业总产值325亿元。"①

---

① 汤会琳：《贵州省情教程》，清华大学出版社2016年版，第127页。

第六章

贵州绿色经济发展绩效分析（三）
——现代服务业

第一节 服务业稳步发展

一、产业规模不断扩大

贵州自新中国成立以后特别是改革开放以来，服务业特别是现代服务业增长速度很快，已经成为三次产业中的第一大产业。从三次产业的演变过程来看，1949年贵州三次产业增加值的比例为83.0∶12.5∶4.5。按比值大小第一、第二、第三产业排序为一、二、三。1992年三次产业比值大小排序演变为二、一、三，比值为35.9∶35.7∶28.4。1998年，三次产业比值大小排序演变为二、三、一，比值为37.2∶31.9∶30.9。第三产业增加值的比重在贵州经济史上第一次超过第一产业。2006年，三次产业结构演变为三、二、一，相应比值为42.3∶41.4∶16.3，在贵州经济史上第三产业比重第一次超过第一、第二产业，位居三次产业之首，一直到现在仍然保持三、二、一的产业结构。"十二五"期间，"贵州全省服务业增加值年均增长12.5%，位居全国前列。2015年全省服务业增加值达到4715.00亿元，是'十一五'期末的2.2倍，占全省GDP的44.9%，经济增长五年平均贡献率达到47.6%，稳居三次产业之首，为支撑全省经济持续快速发展作出了突出贡献。"[1]

二、产业特点鲜明

"十二五"时期是贵州服务业加速发展、加快调整行业结构的时期，在产业规模快速扩大、结构不断优化的过程中，形成了鲜明的产业特点。

（一）发展速度迅猛，对就业的贡献率大

从全省 1978—2013 年三次产业吸纳的就业人数来看，期间全省就业人数年均增长 1.60%，第三产业吸纳就业人口年均增速最高，为 5.00%，而第一、第二产业只有 0.84%、2.51%；第三产业增加的就业人口也最多，为 347.61 万人，分别高于第一、第二产业增加的 306.87 万人、156.06 万人。"十二五"时期，贵州实施"工业强省"和"城镇化带动战略"，第三产业和第二产业就业人口显著增加，2013 年服务业就业人数达到 420.13 万人，占当年全省总就业人数的 22.54%（当年全省总从业人员为 1864.2 万人）。"十二五"末期，全省服务业从业人员比 2013 年又有增加，总数达到 469.73 万人，较"十一五"末期增加 100 万人左右，占当年全省全部从业人员的四分之一，比 2010 年提高了近 5 个百分点。"服务业对就业的吸纳能力与对经济的服务程度成正比，对就业的促进作用越大，经济的服务化程度也越高。"[2]

（二）对地方税收贡献大

随着服务业规模的日益壮大，服务业税收收入也不断增多，对地方财力的贡献越来越大。一方面，从服务业税收收入占全省总税收收入的比重来看，有逐年上升的趋势："十五"末期这一比重为 33.6%，到

---

① 汤会琳：《贵州省情教程》，清华大学出版社 2016 年版，第 134 页。
② 汤会琳：《贵州省情教程》，清华大学出版社 2016 年版，第 135 页。

"十一五"末期就上升到 45.89%，到"十二五"中期的 2013 年，这一比重上升到 49.64%，差不多占全省税收总收入的半壁江山。另一方面，从地方税收收入结构来看，2013 年服务业税收收入占地方税收收入的 61%，三次产业对地方经济的贡献率以服务业为最大。服务业税收收入增长迅猛，"十二五"末期突破千亿元大关，达到 1013.66 亿元，是"十一五"末期的 3.4 倍，年均增长 27.3%，占全省税收收入的比重从"十一五"末期的 45.9% 增加到 53.0%。[①]

（三）服务业企业营业收入、利润额增长快，经济效益不断提高

从限额以上批发企业、限额以上零售企业、文化娱乐业企业利润总额和利润率来看，均呈稳步增长态势：这三个服务行业 2013 年利润总额分别为 290.68 亿元、61.87 亿元、8.32 亿元，利润率分别达到 13.5%、6.1%、8.6%，利润率分别比"十五"末期提高 11.3 个、5.2 个和 4 个百分点。利润率是企业效益的风向标，利润率的稳步提升，不仅表明贵州服务业企业经营管理能力的增强和劳动生产效率的提高，也是吸引服务业企业增加固定资产投资和服务业企业快速增长的一个最核心要素。一方面，从固定资产投资来看，2015 年全省服务业固定资产投资达到 7947.95 亿元，占全社会固定资产投资的比重为 72.6%，成为拉动投资增长的核心动力。另一方面，从服务业企业数量的增长来看，"十二五"末期，全省服务业企业数达到 27.01 万户，年均增长 27.4%。[②]

（四）符合绿色经济发展宗旨和方向，发展空间广阔

包括现代物流、金融、科技服务、邮政、大数据信息服务、商务服务等现代服务业，具有"两高一低"即高效率、高产出、低消耗的特点，符合绿色经济倡导的绿色、环保、生态发展理念，可以发展的空间非常

---

① 汤会琳：《贵州省情教程》，清华大学出版社 2016 年版，第 135 页。
② 汤会琳：《贵州省情教程》，清华大学出版社 2016 年版，第 135 页。

广阔。"新一代信息网络技术，催生了层出不穷的新兴服务领域和业态，促使服务业发展中的先进技术研发和商业模式创新，加速向高端化、智慧化、精细化方向提升。""一批新兴服务产业和业态蓬勃兴起，大数据信息服务产业、大健康服务产业和山地特色文化旅游产业呈现集聚、集群化发展态势，电子商务、会展服务等产业化发展初具规模，研发设计、节能环保、检验检测、人力资源、咨询认证等业态加快发展，互联网金融、服务外包等业态不断涌现，极大地丰富了服务供给，增强了产业发展支撑与后劲。"[①]

第二节　大力发展生产性服务业

一、加快发展现代物流业

现代物流业是"利用现代信息网络技术和现代经营管理方式，对物流的各个环节进行系统化、规范化的组织和管理，以完整和便捷的实物、产品供应链来完成物流的新兴服务业。"[②] "十二五"时期，贵州依托区位优势、依托重要交通枢纽和交通网络节点，以覆盖中心城市和工业聚集区为重点，优化物流网络枢纽和节点布局，加快构建与工业化相适应的现代物流网络体系，力争把贵州建设成为西南地区重要的物流枢纽和全国区域性物流中心。包括形成四个层面的物流网络体系：一是重点把贵阳建设成为全国重要的现代物流中心；二是把遵义、六盘水、毕节等打造成为省域重要物流中心；三是把兴义、都匀、凯里、铜仁、安顺等发展成为区域性重要物流中心；四是支持其他有条件的城市和工矿区发

---

①　汤会琳：《贵州省情教程》，清华大学出版社 2016 年版，第 135 页。

②　汤会琳：《贵州省情教程》，清华大学出版社 2016 年版，第 140 页。

展物流中心，加快建设一批综合性和专业性的物流园区和物流基地。[①] 2015 年，全省物流业增加值达到 1150 亿元，是"十一五"末期的 1.96 倍；全省物流货运量、货物周转量分别达到 8.9 亿吨、1392.5 亿吨公里，全省拥有国家 A 级以上企业 27 家。到 2020 年，力争建成"五大体系"：建成物流空间网络体系、物流通道体系、现代物流服务体系、物流信息体系和多式联运体系；打造"一核驱动、两轴拓展、四区集聚、多点支撑"的现代物流空间布局。所谓"一核驱动"，就是"加快全省物流发展核心区建设，发展以贵阳为中心，贵安新区、安顺市为枢纽，双龙航空港经济区为支撑的贵阳大都市物流核心圈"；"两轴拓展"就是建设遵义—贵阳—都匀南北物流发展轴和兴义—六盘水—安顺—贵阳—凯里—铜仁东西物流发展轴"；"四区集聚"就是"加快建设黔西北、黔东北、黔东南、黔西南物流聚集区"；"多点支撑"即"积极发展习水、大方、瓮安、榕江、盘县、兴仁、德江等物流节点"。[②]

二、积极发展金融业

"十一五"时期，贵州金融业快速发展。一是金融业整体实现快速发展。2010 年全省金融业创造增加值 231.5 亿元，"十一五"期间年均增长 18%。截至 2010 年末，全省金融机构本外币存款余额达到 7387.8 亿元，是 2005 年末的 2.6 倍，贷款余额 5771.7 亿元，是 2005 年末的 2.5 倍。证券经营机构资产总额达到 50.8 亿元，净资产 15.22 亿元，分别是 2005 年的 10.7 倍和 10.35 倍；2010 年全省实现保费收入 122.63 亿元，是 2005 年的 3 倍。二是金融对经济的支持力度进一步加大。2010 年金融业对经济增长贡献率达到 5.0%，对现代服务业增长贡献率达到 10.6%，成为全省现代服务业的重要组成部分。"十一五"期间，全省社会融资总

---

① 《贵州省国民经济和社会发展第十二个五年规划纲要》。
② 汤会琳：《贵州省情教程》，清华大学出版社 2016 年版，第 140 页。

量为3803.2亿元，是"十五"期间的2.8倍；全省保险业各项赔款和给付支出累计达133.62亿元，是"十五"期间的2.9倍。2010年直接融资额达141.2亿元，债券、股票融资均达历史最高水平，直接融资占比提高至11.4%。企业在银行间债券市场直接融资取得突破，2007年贵州首次利用短期融资券为企业进行融资，到2010年末，全省已累计利用该融资工具融入资金45.9亿元。[①]

"十二五"以来，贵州省不断完善经济与金融互动发展的协调机制。一是大力促进"政银企合作"模式。2015年，中国人民银行贵阳中心支行结合贵州扶贫开发的实际，初步建立了"扶贫对象精准、金融机构功能定位精准、金融产品和服务精准、扶贫信贷补偿与分担精准、运行机制平衡"的"四精准一平衡"模式，推动贵州金融扶贫工作取得初步成效。二是加快创新金融服务和金融产品步伐，不断提升服务能力。2009年以来，贵州省农村信用社等金融机构填补金融服务空白乡镇250多个，提前2年实现金融服务网点乡镇全覆盖。并为农民工量身定做金融产品，在全国首创为农民工提供金融服务的"安顺模式"。[②] 按照"政银企合作"模式，2015年，中国人民银行贵阳中心支行还创新小额贷款助推平台，根据贫困农户就业、创业、就学及特色农业产业发展情况，推出致富通美丽乡村贷、助保贷、创业贷等30余种金融产品，精准对接贫困地区信贷需求。

"十二五"开局之年开始实施的"引银入黔"工程取得可喜成绩，中信银行、浦发银行、招商银行、花旗银行、兴业银行等相继入驻贵州之后，上海浦东发展银行股份有限公司贵阳分行、重庆银行股份有限公司贵阳分行、招商银行股份有限公司贵阳分行等又落户贵阳；2015年，华夏银行贵阳分行获准筹建，金融业逐步成为助推全省经济发展的新动力。"十二五"以来，贵州加快发展地方金融机构，大力支持一批地方商

---

① 《贵州省"十二五"金融业发展专项规划》，金黔在线，2011年11月30日。
② 《贵州省"十二五"金融业发展专项规划》，金黔在线，2011年11月30日。

业银行和投资机构做大做强，增强地方金融机构竞争力。积极发展农村金融，促进城乡金融业合理布局、协调发展。规范发展多种所有制形式的中小银行以及非银行金融机构。[①] 2011 年 12 月，贵阳农村商业银行正式开业；由遵义、六盘水、安顺银行合并成立的贵州银行于 2012 年 9 月 28 日正式挂牌开业，并定位为努力打造成服务小微企业、服务三农、服务地方经济建设，在全国具有较强竞争力和影响力的优质特色银行。2015 年末，全省金融机构各项存款余额达 19438.64 亿元，同比增长 26.9%，增速高于上年同期 12 个百分点；年末金融机构各项贷款余额达 15051.94 亿元。短期贷款主要用于工农商业投资，中长期贷款主要用于基本建设投资。"三农"、小微、扶贫开发和保障性住房开发等民生领域的贷款保持较快增长，公共管理、商务服务、水利环境和交通运输等符合产业结构调整方向的行业贷款余额同比高于 25%，"5 个 100 工程"、重大工程、重点项目等重点领域的信贷支持力度继续加大。

保险业发展提速，业务结构不断优化。一是保险业机构平稳发展。2015 年，贵州省省级保险分公司新增 2 家，其中，财产险、人寿险分公司分别增加 1 家。贵州省第一家法人保险公司——华贵人寿保险公司正在积极申报筹办之中。二是保险业务发展增速。2015 年，实现保费收入 257.8 亿元。其中，财产险公司共实现保费收入 140.3 亿元，同比增长 19.6%，增速高于全国 7.9 个百分点；人身险公司共实现保费收入 117.5 亿元，同比增长 22.8%，增速较上年大幅度提升 14.2 个百分点。2015 年各项赔付支出 106.97 亿元。三是保险业务结构不断优化。2015 年财产险公司非车险业务占比不断提高，非车险业务占比达到 21.4%，实现保费收入 30.0 亿元，同比增长 23%，高出车险增速 4.4 个百分点。保险业务对贵州经济社会发展提供了重要的安全保障，为电力、烟草、酿酒等重点产业和出口贸易提供的风险、信用保障分别达到千亿元以上。[②]

---

① 《贵州省国民经济和社会发展第十二个五年规划纲要》。
② 《2015 年贵州省金融运行报告》，MBA 智库文档；汤会琳：《贵州省情教程》，清华大学出版社 2016 年版，第 138 页。

证券行业快速发展。2015 年，证券经营机构实现营业收入 14 亿元，同比增长 239%；证券交易额达到 11740 亿元，同比增长 252%；实现净利润 8 亿元，同比增长 395%。期货经营机构实现营业收入 2016 万元，同比增长 25%；期货成交额 9086 亿元，同比增长 60%；净利润 195 万元，同比增长 237%。有效发挥资本市场融资功能。2015 年，"贵州省 20 家上市公司有 7 家申请通过增发、配股等方式融资，拟募集资金 289 亿元；37 家新三板挂牌公司有 11 家通过增发融资，募集资金 6 亿元，28 家公司制法人通过交易所债券市场融资 300 亿元"。① 贵州证券业的发展，对全省金融市场的发展、上市公司的融资发挥了积极的支撑作用。

第三节　积极发展生活性服务业

"十一五"期间，贵州召开了全省服务业发展会议，出台了《贵州省人民政府贯彻落实国务院关于加快发展服务业若干意见的实施意见》和《贵州省人民政府办公厅关于加快发展服务业若干政策措施的实施意见》，加强了对服务业发展的规划引导，改造提升了商贸流通、交通运输、餐饮服务等传统服务业，发展连锁经营、集中配送等新型服务业。到"十一五"末期，市场销售快速增长，消费品市场保持活跃。2010 年，全省实现社会消费品零售总额 1482.68 亿元，是 2005 年的 2.4 倍，比上年增长 18.9%。按经营地统计，城镇消费品零售额 1213.66 亿元，是"十五"末期的 2.5 倍，比上年增长 19.6%；乡村消费品零售额 269.02 亿元，是"十五"末期的 2.1 倍，比上年增长 15.9%。分行业看，批发业 122.69 亿元，增长 22.5%；零售业 1206.82 亿元，增长 19.0%；批发零售贸易业共 1329.51 亿元，是 2005 年的 2.5 倍；住宿业 11.68 亿元，增

---

① 《2015 年贵州省金融运行报告》，MBA 智库文档；汤会琳：《贵州省情教程》，清华大学出版社 2016 年版，第 138 页。

长 16.6%；餐饮业 141.50 亿元，增长 15.2%；住宿餐饮业是 2005 年的 2.4 倍。

"十二五"以来，积极推进城市商贸流通业发展，优化商业网点布局，加快向农村延伸，形成以连锁经营、特许经营、仓储超市和物流配送为重点的新型商贸流通业态。加快农村现代流通网络建设步伐，积极推进"万村千乡"、"农超对接"、"双百市场"等工程建设，改善农村消费环境，采取"家电下乡"、"汽车、摩托车下乡"、举办酒类茶类博览会等措施，促进了消费，扩大了内需。2011 年，全省社会消费品零售总额为 1751.62 亿元；2015 年达到 3283.02 亿元，是 2011 年的 1.87 倍，分别是"十一五"、"十五"末期的 2.2 倍、5.4 倍。2015 年，全省批发和零售业、住宿和餐饮业的销售额分别为 2979.07 亿元、303.95 亿元，分别为"十一五"末期的 2.2 倍和 2 倍。①

第四节　旅游业快速发展

一、发展环境不断优化

"十二五"以来，贵州旅游业发展环境不断优化，发展机遇前所未有。

一是国家大政方针的确立和国家对贵州旅游产业的大力支持。《国务院关于进一步促进贵州经济社会又好又快发展的若干意见》（国发〔2012〕2 号，以下简称国发 2 号文件）赋予贵州"文化旅游发展创新区"的战略定位，明确提出"把贵州建成世界知名、国内一流的旅游目的地和休闲度假胜地"，并对贵州旅游业发展提出了若干政策支持；国

---

① 《贵州省"十二五"服务业重点产业发展专项规划》，http://www.docin.com/p-707256319.html。

家批准贵州建设"全国生态文明先行示范区"；习近平总书记视察贵州时作出"把旅游业做大做强，丰富旅游生态和人文内涵"的重要指示，对明确贵州旅游业发展思路和发展内涵具有重要的指导意义；国家旅游局总结旅游发展时提出"贵州模式"，更加坚定了贵州大力发展旅游业坚持"贵州特色"的信心；国家把旅游产业定位为战略性产业，《中华人民共和国旅游法》颁布施行，国务院出台了拉动旅游消费的《国民旅游休闲纲要（2013—2020年）》、《关于促进旅游业改革发展的若干意见》等系列措施，这是国家层面对贵州发展旅游业的最大支持和最好的外部发展环境，也为贵州旅游业发展提供了前所未有的良好机遇。

二是强化顶层设计，从战略上进一步明确旅游业发展思路和路径。《贵州省第十二个五年规划纲要》提出"把贵州省建设成为旅游经济大省，把旅游业培育成为战略性支柱产业"。根据国发2号文件赋予贵州文化旅游发展创新区的战略定位，贵州编制实施了《贵州生态文化旅游创新区产业发展规划》，对全省旅游发展的品牌形象、空间格局、战略举措及其支撑项目进行了顶层设计。2013年，召开第八届全省旅游业发展大会和100个旅游景区建设推进会，对打造贵州旅游发展升级版进行了全面部署，明确了全省旅游转型升级路径选择。2014年以来，贵州认真贯彻习近平总书记对贵州工作的重要指示，作出了统筹推进新型工业化、信息化、城镇化、农业现代化和旅游产业化的战略部署，把旅游业作为贵州"十三五"重点发展五大新兴产业之一，提出"发挥全域旅游资源优势，加快发展以民族和山地为特色的文化旅游业，大力发展山地新型旅游业态，打造以'多彩贵州·山地公园'为品牌的世界知名山地旅游目的地，建成山地旅游大省"。在2015年召开的首届国际山地旅游大会上，贵州省委主要领导提出打造"多彩贵州·山地公园"品牌，建设国际山地旅游目的地和山地旅游大省的新定位、新目标，并指明了发展路径。

三是从理念到行动，齐心协力发展旅游业。"十二五"期间，贵州省组建省长担任组长，省委副书记、宣传部长和分管副省长任副组长，39家省直部门和各市（州）政府主要领导为成员的贵州旅游发展和改革领导小组，把旅游业作为守住"两条底线"的战略选择和全省转型发展的五大新兴产业之一，把旅游景区建设纳入"5 个 100 工程"重大平台统筹推进；把"云上贵州·智慧旅游云"作为全省首批"7 朵云"之一加快建设；成功举办首届国际山地旅游大会，全省旅游发展专项资金和100 个旅游景区建设资金增加到 4 亿元，全省上下凝聚起推动旅游转型升级的强大合力，显著改善和优化了旅游发展环境。[①]

二、旅游业快速发展

"十二五"以来，贵州省旅游业紧紧围绕"文化旅游发展创新区"的战略定位和"建设旅游大省"的发展目标，以 100 个旅游景区建设为抓手，加快建设"世界知名、国内一流旅游目的地和休闲度假胜地"步伐，全省旅游业呈现出加速发展、实力增强、转型加快、带动有力的良好局面。

一是旅游业投资提速，产业规模不断壮大。2013 年实施"100 个旅游景区建设工程"以来，全省"100 个旅游景区"累计签约建设项目477 个，签约金额 2063.09 亿元，到位资金 622.95 亿元，完成投资689.71 亿元，建成旅游项目 2018 个。2010—2015 年，全省 5A 级景区从2 家增至4 家，4A 级以上景区从 18 家增至 61 家，成功创建国家生态旅游示范区 3 家。旅行社从 260 家增至 356 家，星级酒店增至 380 家，旅游住宿设施床位数由 29.6 万张增加到 74.5 万张；旅游商品生产企业从 1600家增至2500 家；旅游客运车辆从 1000 辆增至 1500 余辆，持证导游突破1.2 万人。"十二五"前 4 年，省旅游业主要指标实现了年均23%左右的增长；2015 年，全省接待游客 3.76 亿人次，实现旅游总收入 3512.82 亿元，分别为"十一五"末期的 2.91 倍和 3.31 倍，年均增速分别达到 23.9%和27%。旅游业主要指标综合排位列全国 15 位，实现了旅游大省的阶段

---

① 《贵州省人民政府关于全省旅游产业发展情况的报告》，贵州旅游在线，2015 年 11 月27 日。

性发展目标。2015年接待过夜游客1.21亿人次，占全省接待游客总人数的32.1%，是2010年的2.75倍，年均增长22.4%。完成创建国家4A级旅游景区14家，梵净山、荔波景区通过国家5A级景区景观质量等级评定，全省4A级以上旅游景区增至50家，同比增长38.88%。百里杜鹃、荔波景区创建为国家生态旅游示范区。新增三星级以上饭店11家，新增旅行社32家。

二是彰显带动效应和产业联动效应。2014年全省共实现旅游增加值780亿元，占GDP比重提高至8.7%，占服务业增加值的比重增至18%左右，全省旅游业生产税净额对财政收入的贡献率达10.5%左右，旅游支柱产业地位进一步强化，对服务业拉动作用更加显著。在全省1630个村寨大力发展乡村旅游，517个村寨入选全国乡村旅游扶贫重点村，成功创建全国休闲农业与乡村旅游示范县（点）20个，2014年全省乡村旅游收入550亿元，同比增长25.4%，带动社会就业234万人，受益人数超过470万人，有力促进了农业增效、农民增收、农村繁荣和全省同步小康进程。80个景区与现代农业产业园、特色示范小城镇和城市综合体互融互连互通，产业联动和集群效应进一步强化。

附录一 贵州发展绿色经济典型案例

【案例一】 盘江集团走绿色发展之路[①]

天空蔚蓝，云朵雪白，河水清澈见底，美丽的杜鹃花随风飘扬，这样一幅秀丽景色便是贵州盘江投资控股（集团）有限公司近年来致力于打造绿色环保企业、不断通过绿色发展以提升自身竞争力的真实写照。

一、集团概况

贵州盘江投资控股（集团）有限公司（简称盘江集团，下同）是国有独资企业，前身是原煤炭部所属盘江矿务局，始建于 1966 年。1997 年公司改制更名为盘江煤电（集团）有限责任公司，2010 年 9 月经贵州省国资委批准业务转型并更名为贵州盘江投资控股（集团）有限公司。经过 50 多年的建设、改革与发展，盘江集团已成为一家以资源能源为基础，集产业发展、资本运营、集团管控为一体的综合型大型企业集团。截至 2015 年底，盘江集团有员工 34000 多人，拥有子公司、分支机构 50 多家。

"十二五"时期以来，盘江集团稳步推进"以煤为主、多业并举、科学发展"战略，通过企业改革、资产重组、煤炭主业整体上市等途径，

---

① 参阅资料:《绿色盘江》，贵州生态文明建设网，2014 年 11 月 27 日。

实现了由生产经营向产业发展、资本运作和集团管控的成功转型，形成了"煤炭及关联产业、建材产业、环保新兴产业、服务型制造业、现代物流与贸易、金融服务业、公共服务业、特色农业"等八大业务板块，业务结构更加优化。近年来盘江集团牢固树立"生态护企，生态立企，生态强企"的理念，坚持走绿色发展道路，建设环境友好型、资源节约型企业，通过产品开发和发展循环经济，增强了企业绿色发展的能力。

二、绿色发展思路

盘江集团绿色发展的总体思路是：按照建设环境友好型、资源节约型企业的要求，通过走绿色发展之路带动产品升值和产业结构升级。具体发展思路：以煤炭为主业，实施"煤电化"一体化、"煤钢电"一体化等项目，大力发展循环经济；通过选洗等措施实现高硫煤综合利用，提高煤矿开采率，延长煤矿井的使用年限；加大井下瓦斯抽取利用，增加产品附加值，延长产业链；大力发展煤矸石发电、粉煤灰综合利用、污水循环利用，充分利用煤炭生产中的伴生产品及废弃物，同时实现土地和水资源的大量节约。

三、千方百计节能和降低能耗

节能降耗和保护环境是近年来盘江集团推动绿色发展的重要工作。盘江集团决策层认为，"煤是我们的航母，其他产业是我们的护卫舰，航母和护卫舰形成的战斗群，就是一个生态循环经济链条，就是科学发展的具体体现"。[①] 盘江集团要推动经济结构调整、走可持续发展道路，必须依靠发展循环经济才能实现。因此，盘江集团非常重视节能减排的宣传，通过宣传教育，使公司员工认识节能减排的重要性、紧迫性和公司

---

① 《绿色盘江》，贵州生态文明建设网，2014 年 11 月 27 日。

对于节能减排采取的政策措施的必要性，目的是通过营造节能减排的良好舆论氛围，提高全体员工的节约环保意识。

一是从顶层设计上进行安排部署。盘江集团认真贯彻国家有关节能减排的政策法规，制定了《盘江集团"十二五"节能减排工作方案》，对涉及相关领域的所有具体问题都做了安排和细化，对节能减排的整体机制和具体措施进行了完善。二是进一步健全了环保管理制度、突发性环保应急预案和污染物台账。三是建立健全设施的运行台账，并加大运行管理力度，使得权属单位环保系统设施设备运行更顺畅有效，要求设备保证正常运行，规定运行率达到100%。四是加大环保基础建设力度，完善各厂、矿的污水处理工程、烟气除尘以及固体废弃物堆放场等环保设施；为保障废弃物的排放符合标准和要求，对污染物在线监测系统进行了完善与改进。五是实行企业组织创新，整合盘江集团旗下的动能公司和盘县虹桥实业公司、中矿传动公司，组建了贵州盘江节能技术开发公司，围绕煤炭工业循环经济、节能减排、低碳运行等绿色发展模式，致力于构建这样一个平台：用于建设节能科技信息开发传播、技术成果转化、节能技术服务和节能产品供需等。

截至2011年，企业在节能减排方面共投入专项资金19076万元，减少化学需氧量排放142吨，圆满完成省、市下达的节能减排指标，全年单位产品能耗为13.7千克标准煤/吨，二氧化碳减排135万吨，二氧化硫减排280吨。盘江集团已成为贵州省一个有担当、负责任、有良好声誉和社会形象的国有大型企业。

最近几年，企业通过节能技术改造推动其不断实现减排目标，改造了选煤厂煤泥干燥系统的节能技术，提高了煤泥干燥系统的生产效率，减少了燃煤消耗；补偿了供电线路，改造了电机的节能变频功能，提高运行效率，减少电能消耗，提高了电网的功率因数和供电效率，降低了供电变压器及输送线路的损耗；取消之前的燃煤锅炉发热，利用发电机组和干燥系统等设备的余热为职工澡堂提供热水，很大程度上减少了燃煤的消耗。仅在2011年就淘汰了142台（套）落后高耗能设备，关停4

台燃煤锅炉，在厂矿内部推行绿色照明系统，全部换上节能灯，使得吨原煤综合能耗下降到 13.8 千克标准煤。

四、不断提升洗选加工能力

盘江集团紧紧围绕煤炭主业，投入大量人力物力财力去管理经营这个主业，近年来对林东矿业公司和六枝工矿进行重组，对大竹坝煤矿和马安煤矿进行整合，并且积极组织技术改造，启动了金斗煤矿项目和威宁选煤厂的前期建设工作，开发毕节市威宁、赫章及云南滇东等地区的煤炭资源；与此同时，还建成设计能力为 400 万吨/年的响水矿井及配套洗煤厂和设计能力为 240 万吨/年的松河矿，积极筹备盘东北煤炭开发前期工作，投资参与西南能矿集团有限公司及盘县"煤钢电"一体化循环经济工业基地建设，为顺利开展重组在建、拟建大中型煤炭开发项目搭建平台。

就生产规模来看，盘江集团 2013 年煤炭产能达到 2508 万吨/年左右，优良资源总量约 140 亿吨。预计 2016 年，企业煤炭年产量超过 6000 万吨。通过积极推进新型的矿井建设和生产技术改造，推广使用并普及新技能、新工艺、新材料、新设备，改善采掘关系、优化生产布局、简化生产环节、抓好煤层配采等相关工作，推进高产高效矿井建设，使资源开发更加节约化。

除此之外，企业非常重视原煤洗选加工工作。原煤的洗选加工既是集团提高经济效益的需要，也是加强生态文明建设的需要。该公司持续对生产矿井及选煤厂进行技术改造，形成了煤炭洗选加工能力达 2000 多万吨/年的规模。对老的选煤厂进行扩能改造，火铺矿选煤厂、老屋基选煤厂分别由设计入选能力 90 万吨/年、150 万吨/年达到实际入选能力 200 万吨/年、240 万吨/年，对盘北选煤厂和月亮田矿选煤厂进行易地扩能技改，盘北选煤厂的入选能力达到 300 万吨/年，月亮田矿选煤厂由 90 万吨/年增加到 180 万吨/年；新建成入选能力 105 万吨/年的金佳矿选煤厂以及设计入选能力 400 万吨/年的响水煤矿配套选煤厂。

五、污水处理循环利用

"十一五"以来，盘江集团始终把污水处理作为绿色发展的重点项目，积极建设和完善了各矿、厂的污水处理工程。仅矿区矿井年产生矿井水就高达 1800 万立方米，经处理，基本上实现了稳定达标利用或排放。目前，盘江集团矿区内洗煤水全部实现了闭路循环零排放。比如，北盘江上游的一条支流拖长江经过盘江矿区，近年来江水污染大幅度减轻，水体明显好转，主要是盘江集团上下一心重视绿色发展，加大环保投入力度，抓好矿井水、洗煤尾矿处理工作，提高矿井水综合利用率实现达标排放的结果。又如，盘江矿区内的金佳矿矿井水处理二期工程，总投资 2300 万元，该工程项目建成就投入运行，处理的矿井水达到设计要求，这是盘江矿区开发建设 40 多年来重要的一项环保投入，工程设计最终产能目标是每小时处理矿井污水 2300 立方米，经过处理的矿井水水质能达到国家生活用水卫生标准。金佳矿矿井水处理项目可向 30 万人口提供生活用水，矿井水处理实现每年减排悬浮物 2.7 万吨，这在贵州省煤炭系统尚属首家。

目前，盘江矿区生产矿井的矿井水处理率已达到 100%，复用率达 70% 以上，其中火铺矿的矿井水复用率高达 90%，该矿每年供给火铺矸石发电厂作冷却用水 150 万吨。其他煤矿的矿井水经处理后，复用到井下降尘、洗选补充、发电冷却、浇灌园圃等方面，实现循环利用。

六、将煤矸石变废为宝

煤矸石综合利用是煤矿业发展循环经济的一条有效途径，不仅解决了煤矸石占地、污染等问题，而且可以用于发电，增加效益。

煤矸石是煤炭开采和洗选过程中产生的主要排放物，具有一定的可燃性。公司从源头开始就积极控制煤矸石产生，采取沿空留巷及废弃巷道排矸等技术，目的在于尽力做到井下大部分矸石不对外排放，避免矸石山占用大量土地造成环境二次污染。

盘江集团对煤矸石的综合利用方式主要是以煤矸石为燃料建立煤矸石发电厂。该集团公司目前已建成火铺煤矸石发电厂、老屋基矸石发电厂和六枝工矿集团矸石发电分公司三座矸石电厂，总装机容量为9万千瓦。煤矸石发电厂主要以煤矸石、尾矿煤泥和低热劣质煤作为燃料。以2011年为例，2011年集团公司利用矸石发电5亿度，利用煤矸石、煤泥、劣质煤发电折标准煤6.145万吨，其中，发电利用矸石34.73万吨，生产建材利用矸石13.9万吨，其他利用矸石1.89万吨，全年共综合利用煤矸石50.52万吨，既节约了大量的土地资源，又避免了环境二次污染，同时还带来了极大的经济效益。

盘江集团还积极探索与相关企业联合开发煤矸石发电项目。比如，与国家电力投资公司合作组建的国投盘江发电有限公司，总投资达25.8亿元，第一个合作项目"盘北煤矸石发电厂一期工程（工程总装机容量60万千瓦）"于2009年开工建设，计划于近年投产发电；与南方电网等企业合作，计划共建马依电厂和普安电厂项目，这两个项目的前期准备工作正在有序推进；另一合作项目六枝矿区煤矸石发电厂装机容量为2×30万千瓦，目前，该项目科研报告编制工作已经完成。

盘江集团发展循环经济的另一个重要项目是粉煤灰的综合利用，主要利用煤矸石和粉煤灰作原料，积极发展建材业，生产陶粒和轻型墙体材料。盘江集团旗下的建设工程有限公司于2011年建成粉煤灰综合利用一期工程，该项目年生产6000万块粉煤灰砖，当年投产并试运行。目前，盘江集团正在计划投资建设煤矸石及粉煤灰综合利用项目二期工程，使贵州省实现了复合纤维水泥轻质墙板和粉煤灰陶粒产业零的突破。

七、经济环保的新型干法水泥

自2008年以来，盘江集团与安徽海螺集团合作规划建设三个大型水泥熟料生产基地，基地选址在贵州省清镇市、遵义市汇川区、黔南州贵定县三地，三地的工程同时进行。建成的项目主导产业为水泥制造，配套建设余热发电项目和城市垃圾处理项目。

目前贵州省最大的水泥生产线是新型干法水泥熟料生产线，其特点主要是自动化程度高、便于进行环境保护，其劳动生产率、主要能耗指标、污染物排放控制均达世界先进水平。项目每年可直接利用当地粉煤灰、脱硫石膏等工业废渣 140 多万吨，具有相当显著的经济效益和社会效益。

盘江集团的余热发电项目生产工艺在贵州省利用水泥余热进行发电领域尚属首次。其中，贵州省第一套余热发电机组是贵定水泥项目配套的 18 兆万纯低温余热发电机组，每年可利用水泥窑纯低温余热发电达 1.4 亿千瓦时，对降低产品能耗起很大作用，能够起到减少热能排放的作用，具有十分明显的社会效益和经济效益。

由海螺集团自主研发城市垃圾处理项目，已在安徽省铜陵市投入实施，日处理垃圾能力达到 600 吨。城市垃圾处理技术的推广运用被列入贵州省"十二五"发展规划中的重点发展项目。

贵阳的水泥项目一期工程于 2010 年完成并投产，与此同时，贵定的该项目也投产。2014 年 1 月到 9 月，全公司生产水泥 420.7 万吨。贵阳水泥项目的二期工程也已经完成，建成之后达到 440 万吨的生产能力，贵定 220 万吨生产能力的水泥项目二期工程在建设中，遵义生产能力在 220 万吨的水泥项目一期工程也已完成、二期工程正在建设中，黔西南安龙公司 180 万吨生产能力工程正在建设中。

八、煤层气变害为宝

瓦斯泄漏是造成矿难的最主要的因素，它曾经夺去了无数矿工的生命，但是将其抽放到大气中又会造成大气污染。为了解决这个难题，盘江集团不断进行技术革新，而如今它已经变害为宝，作为清洁能源，成为盘江诸多产业中的支柱产业，其作用地位仅次于煤炭。

在以往技术不成熟的时候，瓦斯浓度在30%以下是无法利用的，为了矿井生产安全，只得将其排放到大气中。2008年4月，由盘江集团发起创立了贵州盘江煤层气开发利用有限责任公司，全面启动对矿区瓦斯综合利用工程，积极应对该情况，不断发展技术以求对废气进行充分利用开发。

在贵州盘江煤层气开发利用有限责任公司刚刚成立的时候，就将低浓度瓦斯利用作为公司最重要的业务发展领域。在了解到山东胜动机械公司对低浓度瓦斯利用有了新的技术突破后，便迅速引入这家公司的技术，使瓦斯在开发中转变了角色，不再是矿难"杀手"。比如，火铺矿南风井瓦斯发电站是煤层气公司所属的一座低浓度瓦斯发电站，该发电站共有16台机组，每天可利用瓦斯5.6万立方米、能发电16.8万度。

经过四年多的建设与发展，在盘江集团矿区对瓦斯综合利用率非常高，几乎在每个矿区都建成了低浓度瓦斯发电站。目前，集团公司已建成投产17座低浓度瓦斯发电机组，总装机容量7.62万千瓦，成为全国装机规模最大的低浓度瓦斯发电企业。截至2014年累计发电57975.54万度，利用瓦斯19325.18万立方米，实现减排二氧化碳温室气体290余万吨。

盘江精煤股份公司土城矿被誉为江南第一大矿，现已形成了全矿瓦斯综合利用的产业格局，从2009年5月份开始，盘江煤层气公司陆续建成投运了该矿21采区、13采区、14采区、15采区4座低浓度瓦斯发电站，共有发电机组26台，日均发电量在20万度左右。2011年用于发电的瓦斯量达1599.33万立方米，总发电量4798万度，全年共节约电费1050万元左右。从2006年起，该矿开始利用瓦斯作为职工生活燃气，到2011年，全矿4000余户职工用上了瓦斯燃气，实现了"产煤不烧煤"的目标，瓦斯利用率超过50%。

2009年6月，盘江煤层气开发利用有限责任公司投入177.3万元将山脚树北井6台浓度在30%以上瓦斯发电机组改为浓度在10%以下的瓦斯发电机组，目的是为了提高瓦斯发电量。经过改造后的机组，不仅将北井瓦斯电站山脚树矿低浓度瓦斯充分利用起来，减少了瓦斯向空气中的排放量，发电量翻番，而且减少了设备投入，为生产发展打下基础，创造了较好的经济效益和环保效益。

2011年5月，盘江煤层气开发利用有限责任公司正式启动公司工作，计划条件成熟时在香港上市。2011年6月30日，公司与贵州省煤层气公司的并购重组顺利完成，改组后经过双方努力建成的金佳低浓度瓦斯提纯利用工业化示范项目，其生产规模为1412万立方米/年，总投资达10160万元，该项目已经得到国家发展与改革委员会认同，并将其列为清洁发展机制项目。盘江煤层气开发有限责任公司还同上海的一家公司共同开展低浓度瓦斯提纯至天然气项目，并将此项目作为公司在"十二五"期间的主营业务。计划到"十二五"末期，打造出一个20亿立方米规模的天然气提纯企业，实现销售收入70亿元左右。

近几年来，盘江集团根据贵州发展实际情况，对贵州石材资源进行调查研究，对丰富的石材资源进行开发利用，引进了香港龙盟集团的专利技术，同该公司合资建设年产12万吨石头造纸项目，该项目投资12亿元，项目建成投产后能帮助区域缓解造纸产业发展的困难，逐渐走出困境，使企业不断朝着绿色发展的方向前进。

【案例二】瓮福集团：做绿色发展的先行者①

习近平总书记强调，要"牢固树立保护生态环境就是保护生产力、改善生态环境就是发展生产力的理念，更加自觉地推动绿色发展、循环发展、低碳发展，决不以牺牲环境为代价去换取一时的经济增长"。② 党的十八大指明了中国经济在未来的发展道路，划出了经济发展的底线和红线——不能以牺牲环境为代价。

贵州发展经济的最大障碍就是交通不便。多山、多水、耕田少，处于西南一隅的不利地理位置，这些复杂因素导致了贵州众多的自然资源和矿产资源不能得到很好的开发和利用，经济发展相对落后。怎样在保住绿水青山的前提下发展好经济，并在此基础上进行经济结构调整和推动产业升级，这是贵州加快发展、加速转型、推动跨越所面临的重大课题。贵州瓮福集团有限责任公司作为一个以资源加工为主的企业，经过20多年的不断尝试与实践，很好地解决了环境保护与发展经济这一世纪性难题，化劣势为优势，率先在全省创新了经济发展模式，为贵州资源型企业找到了新的发展道路。

20世纪90年代，在加快经济发展的过程中，由于人们的环保意识不强，当时国内的环保技术比较落后，环保标准低，很多地方出现了环境污染问题。瓮福集团在发展初期也不例外，污水、废气、废渣污染环境的现象时有发生。如果不解决好"三废"污染环境的问题，放任企业"负的外部性"持续下去，企业员工和周边百姓的身体健康必然受到损害，造成不良的社会影响。瓮福集团上下一心、达成共识，意识到治理

---

① 参阅资料：《瓮福——绿色生态发展的先行者》，贵州生态文明建设网，2015年12月23日。

② 习近平：《在中共中央政治局第六次集体学习时的讲话》，新华网，2013年5月24日。

污染和保护环境的重要性和紧迫性，尽管面临企业内部和社会外部的双重压力，公司当时处于最困难时期，也毅然决然地打响了治理污染的攻坚战。

"在发展中保护、在保护中发展"，这是瓮福集团经过长时间的艰苦思考和探索，总结出来的成功经验并坚持的治污原则。瓮福集团坚持以科学发展观为指导，走新型工业化道路，大力发展循环经济，加大科技创新力度，厘清了企业绿色发展理念，提出了治理污染的新思路和科学方法，既解决了历史遗留的环境污染问题，又杜绝了新的污染问题再次发生。在废水、废气、废渣治理和综合利用方面取得显著成效，为全省企业的发展树立了标杆，为地方经济发展和环境保护做出了积极贡献。

一、下大力气治理废水

由于坐落在清水江流域这一特殊的地理位置，瓮福集团高度重视废水的治理，提出"废水是放错地方的资源"的治污理念，认为废水处理好也会变成宝，确定了"低质低用、高质高用"及"装置小循环、园区大循环"的治污理念和废水综合利用思路，开始了艰巨的治污历程。

一是从污染源头开始治理。污水处理的成效，源头治理是关键；从源头开始治理好，能起到事半功倍的效果。

一方面，瓮福集团先从污水渗漏的排查以及渗漏的治理开始。因为污水管道的渗漏（包括厂区酸水渗漏）是导致河水污染的罪魁祸首，如果处理不好，必然会对清江水流域产生重大污染。为此，翁福集团从查漏治漏工作做起，截至 2014 年 12 月底，瓮福先后完成了对厂区废水管线明管化改造、磷石膏渣浆管线更换等工作，利用一系列科学的治污方法和技术手段，使污水渗漏造成的清水江水体污染程度极大减轻，相关主要污染指标下降率超过 98%，效果十分明显。

另一方面，瓮福紧紧抓住磷石膏防渗堆存这一难题并妥善解决，从根源上杜绝了污水渗漏问题。磷石膏环保堆存（防止渗漏）是世界磷化工行业面临的普遍难题，尤其是在我国喀斯特地貌比较普遍的西南地区。瓮福马场坪工业园的磷石膏排放量很大，每年有近 300 万吨，这么巨量的废气废水如果处理不当必然会对清水江流域造成很大的生态污染，这一严峻的生态隐患考验着瓮福集团高层决策者的决心和胆识。经过慎重考虑和多方面论证，瓮福集团决策层果断决定，不管代价有多大，也要破解磷石膏渣场渗漏这一世界性难题。集团公司先后投资近亿元，从美国佛罗里达州引进磷石膏渣场的 HDPE 膜防渗治理技术，成功地解决了公司多年来积压下来的世纪性难题。不得不说，这一尝试有很大的风险，需要公司决策层有极大的决心和魄力。这一技术的引进并成功运用，证明瓮福集团的决策是正确的！这不仅是中国磷复肥行业的一次大胆尝试，也是瓮福集团引进消化外来先进技术的一次创新。巨大的付出获得了丰厚的回报：通过运用美国磷石膏渣场防渗漏这一先进技术，清江水流域各项污染指标下降幅度达到 95% 以上，并且该流域的水质指标从此越来越好。

近几年来，瓮福集团对分布在外省的数个生产基地（如甘肃的金昌、四川的达州、福建上杭等）均按上述标准建设磷石膏渣场，这些生产基地都取得了很好的示范效果。瓮福集团果断、科学的治理举措赢得了国家环保部、国家安监总局、石化协会的认可："我们只要建渣场，不管代价多大，就要按瓮福标准来建设。"国家安监总局将瓮福摆纪渣场作为标杆制定行业标准。2013 年 6 月，国家安监总局组织 20 多名专家审议由瓮福集团起草的《磷石膏堆存安全技术规程》。《磷石膏堆存安全技术规程》的审议通过并颁布实施，标志着全行业对"瓮福模式"的肯定，确认了瓮福集团作为行业磷石膏渣场防渗治理领跑者的地位。

二是治理之前渗漏的污水。磷石膏铺膜防渗技术虽取得较好的治污效果，但是，在这项技术还未采用之前所排放的 1500 万吨磷石膏废渣中的酸性废水没有得到治理，并且仍在缓慢释放，这些污水慢慢地渗透到清水江中，仍然是威胁清水江流域水质安全的一个重大隐患。为解决治污方面的历史遗留问题，瓮福集团仅在 2014 年就相继投入近 3000 万元，着重在磷石膏渣场下游发财洞附近修建了污水处理装置，治污装置建成投入运行后，下游被污染的水全部得到了回收并达标处理，治理效果十分明显。

从 2013 年至今，清水江流域的水质得到了很大的改善，其水质的各项污染指标达到或接近三类河水水质，这与福泉市环保局以及清水江流域附近磷化工企业的共同努力是分不开的。2013 年 12 月 5 日，湖南省常德市人大常委会领导对瓮福集团在沅江流域污染治理上所取得的成效大为赞扬。2015 年 8 月 31 日，贵州省政府领导专程调研瓮福发财洞污水治理装置，对瓮福集团环保治污的精神和效果给予了高度评价。

三是污水的综合利用。污水的合理利用是治理污水的最高境界。为了实现对马场坪工业园区污水的综合利用，瓮福集团在技术上和人力上做了很大的努力，开展了一系列技术攻关和项目改造工作，取得了两项重大成果：一项是 2009 年 3 月完成了园区内中水回用改造工作；另一项是依靠自主研发，创新发明了利用磷石膏渣场酸性废水进行选矿的专利技术，并先后投入 1 亿多元资金，完成了磷石膏渣场至 48 公里以外的磷精矿选矿装置之间酸性废水循环利用工程，完美地实现了酸性废水的闭路循环，对废水最大限度地回收综合利用。这项技术创新为该行业的新发明，每年为瓮福集团节水降耗创造经济效益 6000 多万元。不满足于已经取得的成绩，历经两年的不断研发探索和实践，瓮福集团又成功取得一项重大技术创新成果：酸性废水高效回收磷资源的办法以及中水深度利用的新工艺，并在 2014 年初投资 7000 万元先后建成两套废水处理装置：一套是年产 5 万吨的酸性废水制饲钙装置，另一套是二氧化碳软化高硬度废水的中水深度处理装置，该项技术发明已经获得专利，并且在国际国内都是首创。这两项装置投入运行后，每年为瓮福创造近 2000 万元的经济收入，并且完美地实现了厂区中水 100% 的高效回收和利用。

二、治理废气，还一片蓝蓝天空

经过长期探索，瓮福人树立"污染物是错放了位置的资源"的绿色发展理念，坚持"降低污染、变废为宝"的治污思路，千方百计向污染治理要效益，不仅要经济效益，更要生态效益和社会效益，因地制宜、因企制宜地形成了一套高效的治理机制和治理体系。

瓮福集团对尾气治理采取自主研发和引进技术相结合的治理方式。通过引进先进的技术并吸收、消化，同时组织科研人员攻克技术难题，先后建成863活性焦烟气脱硫示范项目、天福公司硫化氢废气回收制硫酸装置、用磷精矿回收硫酸尾气二氧化硫的装置。用磷精矿回收硫酸尾气二氧化硫的新技术，在全国也是首创。这套设备利用磷精矿进行尾气脱硫，不仅脱硫能力强，而且还相当稳定。利用磷精矿浆进行尾气脱硫这套装置，既实现了脱硫剂的零消耗，又使工艺流程下游磷酸装置的硫酸消耗大量减少，这项技术在行业内有很强的示范效应。设备投入使用后尾气二氧化硫排放量减少到国家环保排放标准的一半，控制在每标准立方米200毫克以内，仅此一项每年就给集团公司带来高达千万元的经济效益。

瓮福集团不仅仅满足于自身的发展，而且利用尾气治理技术积极主动帮助周边企业治理尾气。比如，2012年，瓮福与国电都匀发电有限公司联合建立了贵州龙源瓮福有机胺脱硫装置，该装置年产60万吨硫酸；2013年贵州兴发化工有限公司建成，该公司以硫化氢尾气为原料制造二甲基亚砜产品，年产量可达2.5万吨。瓮福通过系统整改、增强洗涤回收等措施，成功解决了磷肥生产尾气中排放的氨气和磷铵粉末的回收问题，对粉尘回收率达90%，达到了国家的标准。瓮福2014年通过实施电除雾器来消除烟羽，解决针对烟气拖尾严重、视感差问题，这项技术在本行业中的运用尚属首例，从而消除白烟，实现了粉尘排放仅为国家排放标准的30%左右、烟气拖尾及尾气白烟基本消除、烟气排放可视化明显改善三个目标。

瓮福集团在治理磷酸生产尾气中发现了与磷矿伴生的碘资源，通过与贵州大学联合攻关，成功开发了回收利用碘的技术，建成了全球第一套从磷矿回收伴生碘资源的装置，此装置每年能生产100吨碘。该装置投产运行后，不仅减少了尾气污染，同时也获得了良好的经济效益、社会效益和生态效益。值得一提的是，发明磷矿伴生碘资源回收利用这一工艺创新，为瓮福集团的绿色发展增添了光辉的一页。

三、综合利用废渣

2001 年瓮福的新装置建成投产以来，随着生产规模逐步扩大，排放出大量的煤灰渣、铁矿渣和磷矿渣。特别是每年多达数百万吨的磷石膏渣的堆存和处理，对瓮福集团就是一个巨大的挑战。瓮福集团提出绿色发展思路，发展循环经济，积极拓展废弃资源利用的方式，通过对煤灰渣、硫铁矿渣资源化利用，让这些废弃资源成为建筑、水泥、冶炼等行业的原材料，实现了 100% 的循环利用。但在生产过程中产生的磷石膏，由于综合利用率不高，一直是瓮福面临的重大课题。

磷石膏渣的综合利用在世界各国一直是个难题，目前世界上对磷石膏渣综合利用率最高也只达到 70%。2005 年，瓮福集团成立了磷石膏渣综合利用技术攻关小组，同时与很多高校、企业、科研机构等部门进行合作，取得了可喜成绩：先后建成了数套磷石膏渣综合利用装置，一是磷石膏砌块装置，该装置年消耗 10 万吨磷石膏渣；二是纸面磷石膏板装置，这套装置每年可消耗 30 万吨磷石膏渣；三是磷石膏制硫铵装置，该套设备每年能综合利用 380 万吨磷石膏渣；四是年消耗 45 万吨石膏渣的水泥缓凝剂装置。这一系列设备的投产运行，使瓮福集团磷石膏利用率达到 34.5%，在同行业中处于领先地位。百尺竿头更进一步，瓮福集团的最终目标是处于世界领先地位。目前，瓮福集团加快了对磷石膏废渣综合利用的技术攻关和探索步伐，正与多所高校、科研院所和相关企业等进行横向合作，研发免蒸压磷石膏墙体材料、磷石膏制硫酸联产水泥、磷石膏超微粉等综合利用新技术，相信在不久的将来，一定会取得突破性进展。

四、建设资源节约型、环境友好型企业

矿山绿化建设取得初步成效。瓮福一直高度重视矿山绿化工作，早在几年前就成立了资源与生态建设部，负责统筹集团公司内的生态建设和地质灾害隐患治理工作，并圆满完成了生态建设三年规划。仅2014年瓮福就投入资金约2000万元，对英坪、磨坊、大荒田、瓮安大信北斗山、穿岩洞五大矿区实施土地复垦及绿化工程，对排土场修筑拦渣坝，进行边坡挂网、覆土绿化等，现今的矿区遍地绿草绿树成荫。

同时，瓮福集团十分重视和加强矿民关系，把周边百姓的冷暖安危挂在心上，加大力度排查和治理矿区存在的地质灾害隐患，搬迁了部分危险区域内的群众，与矿区周边的群众建立了更加和谐稳定的矿民关系。因工作成效显著，瓮福集团先后获得多项殊荣，如矿山资源节约与综合利用先进适用技术推广应用示范矿山，首届全国矿山资源合理开发利用先进矿山企业，国家级绿色矿山试点单位，"三型"矿山（资源节约型、安全环保型、矿地和谐型矿山简称"三型"矿山）首批试点建设单位等。

渣场绿色建设有起色。瓮福摆纪磷石膏渣场经过长达10余年堆存，渣坝已经堆得很高，虽然渣坝很牢固，但视觉效果差，周边人民群众始终担忧安全问题。瓮福集团经过仔细分析，决定投入1500多万元资金，对磷石膏渣场近50万平方米的区域进行了绿化建设和生态恢复，完成了边坡覆土、植树和种草，使磷石膏渣场四周披上绿装，与周边环境和谐共存。

五、综合利用中低品位磷矿

2012年瓮福磷矿区中低品位磷矿综合利用项目列入国家产业振兴和重点技术改造项目。该项目投入资金13.38亿元，2014年7月，400万吨/年选矿装置试投料成功。通过对选矿工艺的改进和优化，将选矿回收率

提高到了90%以上。同时选矿用制酸制肥产生的废水，使生产废水零排放，减轻了环境污染。对矿区中低品位磷矿的综合利用，使资源利用率得到提高，获得可利用资源储量约4500万吨，使矿山服务年限延长了，保障我国磷化工行业可持续发展。大力开展充填尾矿工作，每年可减少进入尾矿库的尾矿约60万吨，延长尾矿库服务年限10年左右，从而减轻了尾矿露天堆存压力。同时，利用尾矿填充地下采矿采空区，使资源的回收率提高了，减少了因开采矿山造成的地质灾害隐患，保障了地下矿山的安全生产。

值得一提的是，利用中低品位磷矿浮选技术，可极大降低原矿入选品位，由30.75%降到20%左右，提高磷精矿综合回收率5个百分点，获得19件发明专利。这些专利在国内65%的同类型选矿厂得到推广应用，并荣获2014年"中国工业大奖"提名奖，获批建成"中低品位磷矿及其伴生资源高效利用"省重点实验室，为解决磷化工行业共性、关键性的技术难题，实现磷化工产业的绿色发展创造了条件。

六、展望未来：绿色发展理念不断升华

保护环境、治理污染、生态建设和绿色发展永远都是进行时，必须常抓不懈。瓮福集团通过十几年的艰苦探索，坚持不懈地走绿色发展之路，投入20多亿元用于生态建设和环境保护，生态保护与发展经济已不再是对立的关系，而是相互统一共同促进的关系。瓮福集团治理污染、保护生态经历了一个由观望到积极、由被动变主动、由陌生到熟悉的转变过程，环保治理理念不断升华，绿色发展思想深入人心。公司制定了安全环保、节能减排的三年规划，绿色生态发展已上升为瓮福集团未来十年顶层战略规划的重要指导思想和愿景目标之一。瓮福集团的环保治理工作已不仅仅局限于简单的达标排放，而是向更高标准看齐：发展循环经济，提高资源的回收利用率，向环保要效益。2015年至2017年，瓮福集团计划投入上亿元资金，继续实施尾气资源回收和水相深度利用项

目，为我国生态文明建设和环保事业做出新的更大贡献。

瓮福集团的发展得到各级政府领导的肯定和重视，原国务院总理朱镕基到瓮福视察时称赞瓮福集团是贵州工业的"宝"，提出要把瓮福集团建成世界一流企业、为中国人争气的企业；2011 年 5 月，时任中共中央政治局常委、中央书记处书记、国家副主席习近平视察瓮福，充分肯定了瓮福在循环经济、技术研发和创新、生态保护产业等方面所取得的成就，鼓励瓮福集团要牢牢抓住科技创新这一核心，不断提高自主研发和创新能力，走好绿色发展和新型工业化道路。

瓮福集团未来三年在安全环保、节能减排、矿山复垦、地质灾害治理等方面规划总投资 7.6 亿元，通过自主投资与招商引资相结合的方式，瓮福集团面临的资源综合利用、生态建设和安全环保等问题将会得到彻底解决。瓮福集团将坚定不移地在科学发展观和"创新、协调、绿色、开放、共享"五大发展理念指导下走新型工业化道路，充分发挥集团公司自身的优势，努力破解发展过程中遇到的难题，确保集团公司实现"十三五"规划宏伟目标，为经济社会发展做出新的更大的贡献。

【案例三】贵阳坚持走生态文明之路 [①]

一、生态文明之路，稳步前进

2013 年 7 月，生态文明国际论坛年会在贵阳隆重召开，此次年会的召开不仅打开了贵阳生态文明发展的新天地，更使贵阳与世界范围内的生态发展接轨。到 2016 年 1 月，生态文明贵阳国际论坛正式成为我国唯一的生态文明国家级国际论坛，贵阳的生态文明发展在那一刻充分证明了自己近年来取得的巨大进步。从 2013 年到 2016 年短短几年间，贵阳的生态文明建设历经曲折，但在自身良好条件和地方领导人的双重作用下，冲破荆棘，稳步前进，以良好的姿态重新出发，将最好的一面展示给世界。

每逢夏季，贵阳迎来生态发展国际论坛年会的那几日，来自世界各地的领导人和关注生态发展问题的爱好者齐聚在此，他们欣赏贵阳，审视贵阳，对贵阳产生疑问：贵阳不是中国的北上广深，拥有享誉世界的知名度，也不同于西南部的成都、重庆和昆明，旅游胜地的称号家喻户晓，更不是新疆、西藏，有着风吹草低见牛羊的景观，但在生态发展的实际行动中，贵阳为何能引领世界？

带着这一疑问，我们从客观存在和主观改变两方面来进行深刻分析。

从客观存在方面来看，贵阳拥有得天独厚的生态文明建设条件。"金山银山，不如绿水青山"，现今我们处于现代化建设飞速发展、科学技术水平不断提高的改革开放深化阶段，在这一时期，保证资源的可持续利

---

① 参阅资料：《美丽贵州——生态文明路 爽爽贵阳城》，贵州生态文明建设网，2013 年 7 月 19 日。

用，充分发挥环境优势的相关措施势在必行。在这种情况下，贵阳自身山多地少，冬无严寒夏无酷暑，尤其是在夏季，更是素有"爽爽的贵阳"的美誉，体感温度受到国内外游客的一致好评。除了气候条件外，贵阳海拔及纬度较为适中，在最适合人类居住的城市中首屈一指。从多方面来看，贵阳的生态文明发展条件得天独厚。

从主观方面来看，贵阳的生态文明建设能顺利推进，主要得益于一个好的领导班子。其中，曾被媒体称为"生态书记"的某省委领导在其中发挥着重要的作用。中国网、新华网等各大新闻网站都对这位"生态书记"进行了细致的采访和报道。这位"生态书记"也对贵阳的生态发展做了一系列详细的阐述。在 2003 年，这位领导调任到贵州地区，开始对贵州进行思考和探索。自 2007 年开始，贵阳做出建设生态文明城市的决策，在生态发展方面开始受到世界的瞩目。到 2012 年，贵阳在生态建设方面取得了一系列的成绩：荣获全国生态文明建设试点城市、首批低碳试点城市、首批节能减排财政政策综合示范城市等称号。如何带领贵阳人民进行生态发展？贵州省委省政府是这样解答的。

一方面，贵阳自身生态环境良好，并未受到过多污染，他们摒弃以往"先污染、后治理"的老路，选择走生态文明发展的道路。生态文明发展道路不同于绿色发展，也不同于发展低碳经济，它既不是进行污染的治理，也不是节能减排，而是在政治、经济、文化、社会等多方面进行生态发展，是系统有效的发展道路。

另一方面，贵阳的生态文明发展道路具有政策支持。党中央高度重视我国的生态文明建设，从中央提出的生态文明建设、联合国气候变化大会的召开、国家推进新一轮西部大开发建设等方面可见一斑。在 2007 年底，贵阳市明确提出，将建设生态文明城市作为当前及今后一个时期的施政纲领。2008 年开始谋划举办生态文明贵阳会议。2009 年以来，贵阳每年一届连续四年举办了生态文明大会。在 2013 年 7 月，生态文明国际论坛年会在贵阳隆重召开，到 2016 年 1 月，生态文明贵阳国际论坛正式成为我国唯一的生态文明国家级国际论坛。

二、生态文明之路，硕果累累

贵阳地处我国西南地区，山多地少，地形的复杂导致贵阳发展交通困难极大。"要致富，先修路"，由于地形的制约，贵阳的经济发展水平相对于全国东部地区省会城市较为落后。但面临种种困难，贵阳在生态之路的发展进程中却表现出了惊人的魄力，从而取得众多有益成果。

面对外界对贫困大省的省会城市发展生态的种种质疑，贵阳在2016年初向世界人民展示了自己取得的巨大成就——经批准成为国内唯一的生态文明国家级国际论坛举办地。

回想从2007年贵阳市明确提出将建设生态文明城市作为当前及今后一个时期的施政纲领到现在取得的巨大成就，贵阳在生态文明发展方面取得较大成果的原因主要有以下几点：

首先，在理论方面。理论指导着实践，有着良好的理论基础，才能在实践中稳扎稳打。贵阳在多年进行生态文明发展中，一直将生态文明理念作为基础，一直将生态文明理念内化于心。贵阳在举办生态文明贵阳会议中，一直向世界各国人民展示中国进行生态文明建设、进行绿色发展的基本理念，展示中国面对世界环境问题时的负责任的大国形象。在贵阳召开的生态文明会议中，与各国的生态文明发展组织领导人进行密切交流，加强合作，推进生态文明发展理念在全世界的传播。

其次，在实践方面。实践是理论产生的基础，实践对理论具有决定作用。在实践中实事求是，一切从实际出发，才能推动理论的产生和发展。贵阳在生态文明发展中，一直重视推动生态文明发展的实践。从2013年7月，生态文明国际论坛年会在贵阳隆重召开到2016年的几年间，贵阳在召开的每一次会议上都着重提出了对生态文明建设富有建设性的意见和措施，并且充分运用到实践中。

最后，贵阳充分利用自身优势，促进贵州其他地区共同发展。贵阳在利用自身优势推进生态文明建设的过程中，不忘促进贵州其他地区共同发展。一是贵阳联合其他一些企业、学校与国内外组织进行友好合作交流，促进各地区共同进步发展。例如，在最近几年中，贵阳在举办生态会议之外，还分别举办了全国生态文明建设试点经验交流会、全国生态文明建设成果展、全国低碳发展现场交流研讨会、名人生态环保公益活动、贵阳市十大工业园区展示暨项目推介会、中国·贵阳节能环保产品与技术展等。在各种活动、展览中洽谈项目，进行签约、合作。其中包括关于绿色发展、低碳经济的各类项目。还与世界气候组织合作开展花溪摆贡寨"千村计划"，真正将生态文明发展成果运用到贵阳人民生活当中，真正实现了发展成果由人民共享。并且，此"千村计划"项目也在联合国德班气候变化大会上被评为最佳案例之一。

通过贵阳在生态文明发展中取得的成果的展现，世界各地人们开始真正地了解贵阳这个处于中国西南边陲，处于高原地区的省份和城市，使得"爽爽的贵阳"的美誉传遍四方，使得人们开始了解贵州，向往贵州，佩服贵州。贵阳通过走生态文明发展道路，向世界人民展示了一个崭新的贵州，展示了贵阳的良好环境：天然氧吧、宜居城市等。此外，发达的生态文明产业，促进了农业、工业、服务业的发展。尤其是旅游业，更在生态文明发展中受益良多。生态文明产业的发展也促进了高新技术产业的发展，对科学技术提出了更高的要求。在贵阳这座正在崛起的城市中，继续进行生态文明建设，则将更加突出贵阳本身的优势，缩短自身的劣势，在良好的环境与浓厚的生态理念中蓬勃发展。

三、生态文明之路，感谢一路有你们

贵阳的生态文明之路能够走得如此顺畅，与一路相伴的"你们"有着至关重要的联系。

首先，党和国家各级领导的支持与帮助。在近几年贵阳生态文明建设取得重大进展的过程中，时任全国政协主席贾庆林给予了支持与关注。2009 年，贵阳生态会议召开之际，贾庆林发来贺信，信中指出："生态文明

是人类文明的一种形态，也是社会主义文明体系的重要内容。中共十七大提出建设生态文明，标志着我们党对人类发展规律、社会主义现代化建设规律的认识达到新的高度，这是我们党对人类文明的重要贡献。生态文明贵阳会议，对落实生态文明建设各项任务，进一步调动全社会各个方面参与生态文明建设，具有积极的现实性和指导性。"① 2010 年，贾庆林对贵阳生态会议的批示指出："加强生态文明建设，是党的十七大作出的战略部署，得到了全党全国人民的积极响应。"② 此次会议的召开不仅对传播生态文明发展理念、展示各项生态成果具有重要意义，而且对促进经济社会发展也具有重要意义。2011 年，贾庆林批示："生态文明贵阳会议作为交流生态文明建设理念、展示生态文明建设成果的长期性、制度性的平台，自举办以来，坚持面向实际、面向基层、面向生活、面向世界，着力研究探索生态文明建设基本规律，注重总结推广成功经验，大力开展国际合作，为提高生态文明水平作出积极贡献。"③ 2012 年生态文明贵阳会议使世界生态发展大势与贵阳本身的特色相结合，积极推进绿色发展、可持续发展，通过生态文明发展来深入贯彻落实科学发展观，为生态文明理念的传播、生态文明建设的发展做出更大贡献。

除贾庆林同志对贵阳生态会议给予高度关注和大力支持外，国务院总理李克强同志也对贵阳生态会议表示充分肯定和支持，国务委员戴秉国同志也提出了一系列建议。此外，还有众多党和国家领导人也给予了高度的关注和支持，这对贵阳进行生态文明建设产生了至关重要的影响。

其次，贵阳人民的拥护和支持。中国共产党在革命和建设的过程中，坚持走群众路线。贵阳在走生态文明发展道路的过程中，也坚持走群众路线，号召全市人民积极参与到生态文明建设中来。有了贵阳市民的支持和拥护，贵阳的生态文明发展道路才会越走越顺，越走越宽广，生态文明产业才越做越大，生态文明会议、国际论坛才有广泛、坚实的群众基础。

---

① 《2009 生态文明贵阳会议昨天在贵阳召开》，中国广播网，2009 年 8 月 23 日。
② 《2010 生态文明贵阳会议召开 贾庆林作重要批示》，新华网，2010 年 7 月 31 日。
③ 《2011 生态文明贵阳会议召开 贾庆林作重要批示》，新华网，2011 年 7 月 16 日。

2010 年，贵阳市委第八届十次全会就提出了"为人民谋幸福"的生态文明建设发展理念。此后，又提出了创建"全国文明城市"、"国家卫生城市"、"国家环境保护模范城市"等目标。在此理念的传播及创建先进城市的实际行动中，贵阳的生态文明建设得到了全市人民的拥护，将近 500 万贵阳市民秉承生态发展的理念，从我做起，从自身做起，从身边的一点一滴小事做起，不断推进贵阳生态文明建设。到 2011 年，贵阳取得了"全国文明城市"和"国家卫生城市"的荣誉称号。现如今，贵阳的市容更加整洁，生态文明的理念更加深入人心，已融入贵阳市民的一言一行之中。

最后，各国领导人及生态爱好者的高度关注。贵阳的生态文明发展道路，除了党和国家领导人的大力支持和关注，贵阳市民的热情拥护，还少不了各国政要的高度关注和热情支持。

2009 年 8 月，由英国前首相布莱尔在贵阳市花溪区党武乡摆贡村启动贵州首个"太阳能 LED 照明千村计划"，从生态文明发展的角度为乡村人民带来了福利，将生态发展的理念传播于各村各巷，使人民真正从中受益。布莱尔曾指出："气候变化作为一个全球性的问题，需要全球的努力和行动，他期待着气候组织与贵州省和贵阳市的企业一起合作，共同推动企业对环境的保护。"[1] 2010 年 7 月，布莱尔再次来到贵阳参加生态文明会议，他更加关注和支持贵阳进行的生态文明建设，对贵阳所采取的各项生态文明发展措施给予了高度肯定和赞扬，并继续重申生态文明发展的重要性及意义。2011 年，布莱尔对贵阳生态文明会议发表了视频讲话，继续高度关注会议的发展及世界气候的变化。布莱尔指出："今年在中国我们看到有旱灾和洪涝灾害，证明它影响到了中国的粮食生产。我对在中国南部受到这些灾难的人民表示问候，同时也非常赞赏中国政府对他们的支持，帮助他们重建家园。正是因为有这样的自然灾害，所以我们国际社会应该相互协助、通力合作来减少我们的排放，来帮助发

---

① 《贵州启动首个"太阳能 LED 照明千村计划"》，中国报告大厅，2009 年 8 月 25 日。

展中国家去适应气候变化。"①

除了英国前首相布莱尔给予会议高度关注外，联合国秘书长潘基文也发来贺信，国内外著名专家学者也都纷纷表示热烈支持贵阳的生态文明发展道路。

四年会议回顾总结如下表：

时间	2009 年 8 月 22 日至 23 日	2010 年 7 月 30 日至 31 日	2011 年 7 月 16 日至 17 日	2012 年 7 月 27 日至 28 日
地点	贵阳市花溪迎宾馆	贵阳市花溪迎宾馆	贵阳国际会议展览中心	贵阳国际生态会议中心
会议主题	发展绿色经济——我们共同的责任	绿色发展——我们在行动	通向生态文明的绿色变革——机遇和挑战	全球变局下的绿色转型和包容性增长
主要内容	此次会议举办了生态城市论坛、科学家论坛、生态教育和传媒论坛、经济企业界论坛 4 个专题论坛，达成了对建设生态文明、发展绿色经济具有积极意义的《贵阳共识》。	会议致力于为各方搭建一个技术交流、信息互通、成果共享的开放平台。与会者围绕低碳经济、绿色发展和生态文明，突出讨论转变经济发展方式，深入探讨绿色就业、绿色产业、绿色消费、绿色运输、绿色贸易等前瞻性问题，提供建设性的对策建议。发表《2010 贵阳共识》。	会议突出生态文明建设，城市是核心，企业是关键，科技是先导，教育是根本，传媒是催化剂，社会是基石。会议在原有的教育论坛、科学论坛、技术论坛等分论坛的基础上，举办 11 个专题论坛（圆桌会）和展览、明星公益活动等 30 余项系列活动。	会议通过了《2012 贵阳共识》。时任中共中央政治局常委、全国政协主席贾庆林的重要批示，为生态文明贵阳会议的未来指明了方向。生态文明建设是全社会共同的责任，要坚持节约资源、保护环境的基本方向，着力推进绿色发展、循环发展、低碳发展，走绿色转型和包容性增长之路，实现可持续发展。

---

① 《布莱尔作视频演讲 希望还能来贵阳参加会议》，金黔在线，2011 年 7 月 17 日。

【案例四】雷山县旅游业转型升级带动全面发展①

贵州省雷山县作为一个以苗族为主要民族的少数民族聚集地，要完成旅游业的转型升级，不能单单依靠某个地区的发展与转变。雷山县凭借良好的地理资源和丰富的民族文化资源，不断地改进和完善当地旅游业，书写了落后地区奔赴小康社会的华丽篇章。

在雷山县发展的过程中，有三个非常值得我们关注和思考的地方：

就战略方面而言，将旅游业作为发展的"引擎"，以服务业的发展带动农业与工业同步发展，一同创建旅游综合体。

就技术方面来说，主要是解决雷山县旅游业如何转向休闲度假旅游的问题。

就今后的发展步调上来说，就是打造一个能对整个雷山地区产生重大影响力、重大推动力的主体，进而能带动全县的发展，实现同步小康。

以小博大：景区升级推动产业发展

雷山县西江苗寨自 2008 年以来，在短时间内利用自身千年古寨的历史文化背景，快速地将一个落后封闭的深山苗寨打造成为名扬中外的一个旅游胜地，为当地的旅游产业、民族文化带来了诸多的意外惊喜。

西江苗寨的快速成名、开发虽然给当地的发展带来了很多的契机，但快速开发的过程中出现了很多没有遇到过也不能预料到的新问题。西江苗寨的开发过程同时也出现了生态景观被破坏、旅游设施不完善、可接纳的旅游人数远远低于来游玩的游客数等诸多问题。这些问题中，最难解决的当属当地旅游产品结构如何进行多元化开发。

如何让西江在保持现有的发展模式下进行改造升级，将小景点作为

---

① 参阅资料：《美丽贵州——千户苗》，金黔在线，2013 年 6 月 14 日。

突破口继续推动当地旅游产业的发展？当地政府决定从旅游产品入手，不断地将西江从原来的观光旅游的功能升级为休闲度假，延长前来游玩的游客驻留的时间，发掘西江更多新的旅游产品。

拓展景区辐射面积，西江将核心景区周边的山坡移平，给景区进行旅游产品升级腾出空间，将狭小的核心景区面积扩展到 1.5 公里以外的营上综合服务区，在这里解决游客的吃住等问题。虽然"扩容提质"的工程需要耗费大量的财力、物力、人力和时间去完成，但从长远来看，景区整体地提升服务产品，能够最大限度地降低过度开发对西江苗寨带来的负面影响，同时还能够打造精品旅游景区，让西江苗寨以全新的姿态展现自己独特的民族风情。

为了解决游客的吃住等问题，营上服务区不仅仅是作为苗乡新居的示范区，同时还兼有茶香休闲区、综合服务区、茶园养生区、禅茶文化度假区这四大功能。在综合服务区中营业的酒店，推广的诸多文化创意项目一方面让整个景区的接待能力有所提升，另一方面在一定程度上宣传了扩容提质的成果，让景区焕然一新。经过几年的时间，通过对景区旅游产品整体的提升，让西江离"5A 级旅游景区"又近了一步。

立足长远：打造旅游综合体

雷山县政府在发展旅游产业时，目光不是仅仅局限于西江苗寨一个景区。雷山县在进行旅游产业发展战略规划时放眼全局，除西江苗寨以外，还同步发展其他旅游景点和项目，将雷山县的旅游景点进行整体规划，形成一个环绕雷公山的旅游综合体，以此实现雷山发展之路的转型。

在过去的旅游资源的基础上，雷山县积极拓展旅游线路，开发新的旅游项目。雷公山旅游开发公司总经理提到，雷公山旅游开发有限公司今后将结合雷山县的"蚩尤文化"开发新的旅游路线、旅游项目以及在当地建设珍稀植物园、动物园，完善雷公山旅游基础设施，建设高规格的度假酒店，提升整体旅游形象。让雷公山综合旅游体不仅是在旅游内容上形式多样，更是在服务的方式上让游客流连忘返。

同样地，雷山县的另一主要旅游景区——朗德景区也在进行旅游产品的转型与升级。在朗德景区的转型与升级过程中，政府主动让出主导权，让当地的农民与入驻的企业来主导景区的开发。目前，雷山县与多家企业达成合作协议，对朗德景区进行二次开发。在"美丽乡村"建设项目下，朗德景区启动了28个村寨的改造，将该地区的道路建设与沿边的村寨结合起来，为选择自驾的游客完善道路设施。

雷山县是以打造4A级旅游景区为改造的标准对旅游综合体进行升级和完善，这是雷山县对旅游业的转型思变的结果。

雷山县城整合过去分散的旅游景点和旅游资源，打造了许多具有特色的商业街区，如银饰刺绣一条街、苗族特色美食一条街、少数民族旅游商品购物一条街等不同特色的商业区。其目的就是为了重点突出民族文化中的亮点、特点，聚集分散的游客，将县城作为宣传民族文化的平台进行整体提升。

在如何聚集分散的游客，打造紧密的旅游景点网络上，雷山县做了不少的努力。从点及面，由线织网，从最初的西江苗寨开始，打造雷公山旅游综合体，开发朗德景区，完善县城配套机制，雷山县都做了不少的功课。从最初的两家四星级以上的酒店，到2015年建成五家以上四星级以上的酒店，雷山县的服务档次在不断地得到提高。道路设施方面，凯雷高速公路和环雷山公路的建成能够大大缩短雷山与周边县市之间的距离，缩短游客前往雷山旅游的时间。道路设施的完善能让游客走进雷山，但要留住游客，还需要丰富和发展当地的旅游资源。无论是县城景区或是沿途村寨，雷山县都进行了包装，开发了许多新的旅游项目，丰富了当地的旅游产品。同时，利用苗族文化中苗族医药这一特色，雷山县开始对本地的旅游商品和纪念品进行开发，扶持当地的相关公司企业，确保雷山旅游商品、纪念品的质量。在改造中，雷山县将娱乐项目的创新、开发作为景区提升的一大任务。在西江苗寨，雷山县扩建了西江景区中的表演场地，规范和引导当地的演出内容，吸引了更多的游客前来游玩。

组合创新：开创旅游文化新区

雷山县进行旅游业的整体升级不仅仅体现在对西江苗寨旅游产品的

进一步拓展，或者是雷公山旅游综合体的开发上，更是要将雷山从区域的发展与城市的发展结合起来，开创一个新的旅游文化新区。雷山县委认为，今后，雷山县将从过去的山区农业县转变为后发赶超的、科学发展的现代化的新区。

雷山县如果要一改过去传统的发展模式，建设为全新的旅游文化新区，需要各个方面都进行转变。从景区产品多元化到旅游综合体的开发，需要将本地优秀的少数民族文化作为丰富的旅游资源转变为旅游开发的资本，转变为旅游业蓬勃发展的推进动力，以旅游业带动当地农业与工业的发展。通过对雷山县的旅游业创新发展的推进，助推当地的城镇化改革，让当地的农民真正享受到发展所带来的福利，让城乡面貌焕然一新，增加当地财政收入，丰富当地人民群众的物质生活和文化生活，这才是雷山县进行旅游产业转型的根本目的。雷山县通过旅游业推动农业与工业的发展，也正因为旅游业的发展，当地的其他产业才有了新的发展模式。

旅游业与农业相结合，雷山县的茶叶、天麻、黑毛猪等具有当地特色的产品开始为外界所青睐，逐步形成产业进军市场。雷公山生态茶叶园区在2013年就已经被纳入贵州省的省级重点农业园区。截至2015年，雷山县的农民人均纯收入中，就有3000元来自于茶产业。雷山县计划到2020年全面建成小康社会时，要实现全县农民人均1.5亩的茶园，在农民的人均纯收入上要有6000元以上是来自于茶产业。

依托雷山县优秀的少数民族文化，雷山县的旅游业与工业结合，开创了具有雷山特色的特色生态工业。雷山县的少数民族主要以苗族为主，凭借苗族特有的服饰文化，建立银饰创意产业园区，设立与银饰、服饰相关的加工公司、企业。通过对少数民族文化资源的开发和宣传，塑造一批有影响力的精品文化旅游产品研发、加工的公司、企业，打造雷山县独有的民族工艺工业集群基地。

除了丰富多彩的少数民族文化以外，当地丰富的自然资源同样也能成为雷山县转变发展方式的良好条件。雷山县积极寻找水产业和风力发电产业中的知名企业来进行合作，希望通过这些知名企业的帮助，雷山县的工业能为新的生态工业增长带来新的活力。通过两个月的考察期，贵旅集团入驻雷山并启动了民族文化商业旅游活动、古苗疆文化城等旅游项目的建设。今后，随着雷山县各方面基础设施的完善、配套设施的实现，雷山县城将扩展为容纳 3 万人的新兴旅游综合体，届时雷山县的城镇化率能提高 50%—60%。

无论是围绕着旅游业的发展还是农业、工业的转型，雷山县在发展过程中始终是把人民富裕和城乡建设放在工作的首位。只有人民富裕了，才能从根本上做好城乡建设的工作。雷山县完成旅游业转型升级的过程，就是雷山县人民不断走向美好生活的过程。

附录二　贵州推进生态文明建设纪实

贵州：绿色崛起①

由于历史的和地理的原因，地处中国西南腹地的贵州经济社会发展长期滞后于东部和中部地区。"天无三日晴、地无三里平、人无三分银"曾一度是这块土地的代名词。10 年前，"欠发达、欠开发"还是贵州的基本省情。然而，"十二五"以来，贵州牢牢守住发展和生态两条底线，用绿色发展理念引领全省经济社会发展，紧紧围绕"加速发展、加快转型、推动跨越"主基调，在守底线、走新路、奔小康、实现科学发展、后发赶超的进程中，奏出了一曲又一曲美妙的乐章。

一、后发赶超：必须依靠绿色崛起

不沿海、不沿边，贵州特殊的地理位置，"八山一水一分田"的山地格局加上独特的喀斯特地貌，决定了贵州沿用古老、传统的生产方式。由于贵州聚集了众多的少数民族和具有独特的自然环境，虽然改革开放 30多年了，但贵州这片神奇古老的大地上仍然保留着多彩的民族风情和少数民族传统文化，留下了众多的青山绿水。党的十七大正式提出建设生态文明，节约能源资源，保护生态环境。贵州省委、省政府意识到，这

---

① 资料来源：中国农业信息网，2016 年 7 月 11 日。

是一个难得的机遇，对于贫穷落后的贵州而言，要实现后发赶超的目标，必须守底线、走新路，依靠绿色崛起，而不能再走先污染、后治理的老路。

如何走绿色发展之路？具体实现的路径在哪？谁心里也没谱。贵州省委省政府把贵阳市作为第一块试验田，为贵州实现绿色发展、建设生态文明积累了成功的经验。

2007年11月20日，贵阳市成立了贵阳市中级人民法院环境保护审判庭和清镇市人民法院环境保护法庭，贵阳市"环保两庭"的成立，为首个尝试生态文明城市建设的省会城市建立了法治保障制度。

2007年11月21日，贵阳市"两湖一库"环境保护基金会成立。同年11月30日，贵阳市"两湖一库"管理局挂牌成立。[1]

2007年12月29日，贵阳市委八届四次全会通过《中共贵阳市委关于建设生态文明城市的决定》，把生态文明建设作为贯彻落实科学发展观的切入点和总抓手，以生态文明理念谋划贵阳市的发展，确立了"生态环境良好、生态产业发达、文化特色鲜明、生态观念浓厚、市民和谐幸福、政府廉洁高效"的奋斗目标，对全面推进生态文明城市建设做出部署。

2008年10月，贵阳市在全国率先发布"生态文明城市指标体系"，从6个方面分33项指标，分解落实任务到责任部门。

2009年，市委八届八次全会通过关于纵深推进生态文明城市建设的若干意见，制定了提升生态经济发展质量等措施。同一年，环境保护部正式批准贵阳为全国生态文明建设试点城市。

2010年3月，《贵阳市促进生态文明建设条例》正式实施，这是全国第一部促进生态文明建设的地方性法规。区域限批制度、舆论监督、生态指标一票否决制等规定首次被写进地方性法规。

2011年，贵阳市第九次党代会明确未来五年，着力构建绿色的经济

---

[1] "两湖一库"是贵阳市红枫湖、百花湖、阿哈水库饮用水源的简称。

生态、宜居的城镇生态、和谐的社会生态、自强的文化生态、友好的自然生态、协调的政治生态六大体系。

2012年1月,《国务院关于进一步促进贵州经济社会又好又快发展的若干意见》(国发〔2012〕2号)发布,文件明确提出"把贵阳市建设成为全国生态文明城市",为贵阳市继续推进生态文明城市建设给予了强有力的支持。

2012年12月,国家发改委批复实施《贵阳建设全国生态文明示范城市规划(2012—2020年)》,要求贵阳在生态文明建设关键环节和重点领域先行先试,实现人与自然和谐发展,到2020年建成全国生态文明示范城市,为全国推进生态文明建设发挥示范作用。

二、顶层设计:坚守生态底线,取得可喜成就

贵州省委、省政府从顶层设计上,作出了加强生态建设、发展绿色经济、保护环境的制度安排。

一是从贵州省经济社会发展战略中得到充分体现。《贵州省国民经济和社会发展第十个五年计划》提出,"十五"时期贵州省要实施"可持续发展战略";《贵州省国民经济和社会发展第十一个五年规划纲要》强调,贵州"十一五"时期要大力实施"生态立省"战略,"加强生态环境保护","发展循环经济";《贵州省国民经济和社会发展第十二个五年规划纲要》指出,"必须把建设生态文明、保护青山绿水作为加快转变经济发展方式的重要内容"。

二是从体制机制上寻求突破,实施强制性制度变迁。一方面,贵州省政府决定建立河长制,主要覆盖乌江(含乌江上游三岔河、红枫湖和乌江干流)、沅水(含清水江、舞阳河、松桃河)、都柳江、牛栏江—横江(含草海)、南盘江、北盘江、红水河、赤水河8大水系,目的是为了切实加强全省重点江河流域环境保护工作,探索流域污染补偿制度。另一方面,以贵阳市为试点,实行组织创新,成立贵阳市生态文明建设委

员会及生态文明建设局，梳理、整合生态文明的相关职责，加强生态文明建设执法。

三是出台中国首部省级生态文明建设地方性法规：《贵州省生态文明建设促进条例》。这部《条例》要求：划定生态红线区域，实行最严格水资源管理制度；建立决策追究制度，终身追究决策主要负责人的责任；设立生态文明建设专项资金，健全生态保护补偿机制。并规定经济社会发展规划、主体功能区规划、土地总体利用规划、城乡规划等都应当遵守生态红线。

四是制定了具体的实施计划。如，绿色贵州建设 3 年行动计划、林业产业 3 年倍增计划、环境污染治理设施建设 3 年行动计划，以及大气、水污染防治行动计划，等等。

五是通过启动森林保护"六个严禁"专项执法行动和植树造林工作，划定了包括林地保有量、森林面积保有量、森林蓄积保有量、公益林面积保有量、湿地面积保有量、石漠化综合治理面积、物种数量、古大珍稀树木保有量、自然保护区面积占国土面积比例等在内的九条林业生态红线和 9206 万亩的红线管控区域。

贵州省生态建设取得了巨大成就，近 15 年来，植树造林面积达 3600 万亩；全省森林面积达 1.295 亿亩，森林覆盖率达 50%，为构筑"两江"上游生态安全屏障、创建全国生态文明先行示范区奠定了良好的基础。贵州水环境质量、空气质量良好，全省国家湿地公园数量从原有的 30 个增至 36 个。正是由于生态建设举措得力、成效显著，2014 年 6 月 5 日，国家发展和改革委员会等六部门批复《贵州省生态文明先行示范区建设实施方案》，标志着贵州在生态文明建设方面已先行一步，也是第一批列入国家级示范建设的 4 个省份之一。

三、在发展与生态之间追求平衡

贵州工业化和城市化水平低，农业基础薄弱、农村贫困人口多、贫困程度深，人民生活水平还不高，全省小康进程大体上落后于全国平均8年，落后于西部平均4年，是全国贫困问题最突出的省份。贫穷和落后是贵州的主要矛盾，加快发展是贵州的主要任务。到2020年与全国同步实现全面建成小康社会的宏伟目标，贵州既要转变发展方式，又要加快发展速度，面临着既要"转"又要"赶"的双重压力和双重任务。

2014年3月7日，习近平总书记在与全国"两会"贵州代表团一起审议《政府工作报告》时强调，贵州已经进入后发赶超、加快全面小康社会建设的重要阶段，要正确处理好生态环境保护和发展的关系，因地制宜选择好发展产业，让绿水青山充分发挥经济社会效益，切实做到经济效益、社会效益、生态效益同步提升，实现百姓富、生态美有机统一。

为了在生态和发展之间追求平衡，从2010年开始，贵州省委省政府就以生态文明理念引领经济社会发展，大力推动新型工业化、信息化、城镇化和农业现代化同步发展，努力打造全国生态文明先行区，重点实施大扶贫、大数据两大战略行动，做强"大数据、大旅游、大生态"三块长板，补齐"脱贫攻坚、基础设施、教育医疗卫生事业"三块短板，全面推进经济建设、政治建设、文化建设、社会建设和生态文明建设，经济社会发展取得新的重大成就。

贵州的产业发展路径设计都贯穿了"绿色"发展理念：实施工业强省被描绘成"走新型工业化道路"，城镇化带动战略被界定为"实施新型城镇化"。贵州重点实施的"5个100工程"、"四在农家·美丽乡村"基础设施建设行动计划都要求与生态文明建设结合起来。贵州省委省政府主要领导指示相关部门，要加快推进赤水河流域生态文明制度改革试点，让生态文明既成为发展的方式，也化作发展的成果。

在脱贫攻坚实践中，始终坚持以绿色发展来统领各项工作。比如，在武陵山片区扶贫攻坚的重点乡德江县沙溪乡，烤烟、天麻、茶叶、核桃和山羊养殖5大项目是该乡赖以脱贫的拳头产品，全都是生态原产地产品，属于绿色环保产品，鼓励大力发展。

贵州特殊的地理位置，全年日照时间不长，海拔适中，平均海拔

1107 米，纬度适宜，年平均温度在 15 摄氏度左右，是全国著名的优质产茶区。近十年来，贵州茶叶种植面积不断增加，从最初的不到 300 万亩猛增到现今超过 700 万亩，茶叶产量达到 11.80 万吨，贵州成为全国种植绿茶规模最大的省份。贵州茶叶产业走过的轨迹，从最初的中国茶叶的贵州原料、贵州制造，到如今的贵州创造，再到贵州品牌，贵州茶叶产业取得了长足的进步。在黔东、黔北、黔中、黔南、黔西南等茶区的 30 余个重点县发展了无公害茶、有机茶，在中国名茶都匀毛尖茶叶等高端品牌带动下，全省名茶迭出，成就了"贵州绿茶秀甲天下"和"世界绿茶看中国，中国绿茶向黔看"等美誉。

此外，在广大农村开发清洁能源也是贵州保护生态的一个重要举措。比如，在农村大力开发沼气、太阳能、风能、小水电，发展推广天然气、液化石油气、页岩气，改善农村能源结构，推广农村节能技术，鼓励农民使用节能灶、节能灯、节能灶具，千方百计帮助农民寻求替代能源，让农民的生产、生活也变得更加环保、生态、绿色。

2014 年，贵州省提出了"五大新兴产业"：分别是以大数据为引领的电子信息产业、以大健康为目标的医药养生产业、以绿色有机无公害为标准的现代山地高效农业、以民族和山地为特色的文化旅游业、以节能环保低碳为主导的新型建筑建材业。其中，大健康医药产业、山地农业、生态旅游业 3 个产业与山有关联，"靠山吃山，吃山养山"，贵州要念好"山字经"，种好"摇钱树"，大力发展现代山地特色高效农业，形成农业农村经济快速发展的良好局面。

四、绿水青山就是金山银山

贵州多山，全省森林面积超过 1.3 亿亩，森林覆盖率达到 50%，被誉为"生态大公园"、"天然大氧吧"、"绿色大空调"。全省 9 个市（州）中心城市集中式饮用水源水质达标率均为 100%，空气质量指数优良率均高于 90%，县级以上城市空气质量达到优良的天数超过 95%。2015 年末全省已获批准省级生态文明建设示范区 628 个，自然保护区 123 个，其中，国家级自然保护区 9 个；自然保护区面积占全省面积的 5.6%。贵州绿色的山、绿色的水、绿色的生态和自然，蕴藏着巨大的"绿色财富"。

坚持科学发展，秉持可持续发展方式，走绿色发展道路，不仅使贵州经济发展健康、快速，近年经济年均增长 13%，增速连续位居全国第三位，全省生产总值突破万亿元大关，而且产业发展层次更高、质量更优、后劲更足、前景更广阔；同时，也将一个更负责任的贵州展示在世人面前，而贵州也一直致力于向世界传递更明确的生态文明理念。

2009 年，贵州发起举办"生态文明贵阳会议"，邀请各国政要、知名企业、专家学者多方参与，旨在通过"生态文明贵阳会议"这个平台，共同探索生态文明建设理论、互相交流生态文明建设经验，并使之成为跨国界、跨领域合作的重要桥梁以及展示生态文明建设成果的重要窗口。

2013 年 1 月，原"生态文明贵阳会议"经党中央、国务院批准，升格为国内唯一以生态文明为主题的国家级国际论坛，定名"生态文明贵阳国际论坛"。贵州一跃成为呈现中国最新生态文明发展成就，分享全球最前沿绿色发展理念和经验的宝地。正因为创新，让贵州在生态文明制度改革方面取得了实质性突破，成为首批国家生态文明试验区，也是实至名归。

贵州的"绿色崛起"实践证明，只要在科学发展观指导下，坚持绿色发展理念，坚定不移地走绿色发展道路，就可以获得经济发展和生态保护双重成果，就可以使"金山银山与绿水青山"同时兼得。作为中国西南地区欠发达、人均 GDP 最靠后的省份，守底线、走新路、奔小康，靠绿色发展奋起直追，中国贵州也以此给越来越重视生态建设和环境保护的世界，传递出了最美声音。